四股鍛錬で作る達人

日本伝統
万能
トレーニング

元　一ノ矢
相撲探求家
松田哲博

BAB JAPAN

序～四股は何をもたらすのか？

◉四股はミステリー

「相撲」といえば「四股」を連想されるほど、四股は多くの人に馴染み深いものです。相撲の代名詞といっても過言ではなく、幼い子どもも「お相撲」というと、「よいしょ、よいしょ」と四股を踏む真似をします。それほど我われにとって馴染みのある四股ですが、なぜ相撲では四股を踏むのかとの問いに対して、明確に答えられる人は皆無といってもいいでしょう。

四股は、股関節を開いた腰割りの構えから足を交互に上下させるだけの、実にシンプルな運動です。一方、競技としての相撲は、激しくぶつかり、押し合い、突き合い、またマワシを取って組み合っても、引き付け合い、投げや足技等で崩し合いますから、全身を総動員した千変万化、縦横無尽の動きを必要とします。静かで単純な動きの四股が、激しい動きを必要とする相撲とどう結びつくのか、そしてなぜそれが相撲の基本とされるのか、容易には理解できません。

もちろん、足腰を強くしたり、体の中心である股関節を柔軟にしたり、バランス感覚を高めたりするために行うという説明はできます。しかし、それらを目的とするなら、四股でなくとも様々なトレーニング法が存在し、現に他のスポーツでは体幹トレーニングやバランストレーニング、筋力トレーニング等、科学的といわれるトレーニングに盛んに取り組んでいます。

10年前、武道家で思想家の内田樹氏と対談したことがあります。その中で印象的だったのが、「型は無限に謎を投げかけてくれるミステリー」という言葉です。内田氏は「よくできた型は、行う人の練度によって無数の課題を与えてくれる。初心者にとってはある筋肉を鍛えるためだったのが、上達するにつれ動きを調整するためとか体の割りとか呼吸力とか様々な謎を投げかけてくれる。練度によって課題が変わってくる」と話してくださいました。四股はまさに「型」であり、無限に謎を投げかけてくれるミステリーです。足腰を強くしたり、股関節を柔軟にしたりするというのはほんの入り口に過ぎず、その奥には限りない可能性と謎が深く広がっているのです。

◉四股は「醜《しこ》」

四股は元々「醜」と書きました。「醜」には本来「力強い」という意味があり、力強く大地を踏みしめることによって大地の邪気を祓う神事的な儀式でした。さらに遡れば、反閇《へんばい》からきているとも、禹歩《うほ》からきているともいわれます。また「力足《ちからあし》」とも呼ばれました。何れにせよ四股とは、大地を踏むことで、気やエネルギーなど何かしらを大地とやりとりすることだったのでしょう。

当時の人々にとっては、大地の気やエネルギーを感じることは自然で当たり前のことでした。現代でも、神社に足を踏み入れると清々しい気を感じることについては多くの人に共感していただけると思いますが、当時はその感覚が日常生活の中に溢れていて、感じる力も格段に高かったのだろうと思います。そういう高い感度を持つ身体が、邪気を祓い自身にエネルギーを取り込む最良の方法として取り入れたのが「力足」と呼ばれた四股だったのではないでしょうか。

◉力士は江戸のスーパーアスリート！

神事的な意味合いが強かった「力足」は、勧進相撲が隆盛となり部屋制度が発足し大人数での稽古が行われるようになった江戸時代には、鍛錬法として定着したようです。

江戸時代の日本人は、現代人の想像を遥かに上回る身体能力を持っていました。電車も車もない時代、移動手段は自分の足しかありません。一般庶民が1日に30〜40キロ歩くのは当たり前で、お伊勢参りでは江戸から伊勢までの往復約1000キロの距離をひと月ほどで行き来したそうです。また力も強く、1俵（60キログラム）の米俵を男女問わずに軽々と担いで運んでいました。幕末アメリカからペリー一行が来航した際の様子を記した文書には、力士が米俵を一人で8俵持ち運んだという記述がありますし、明治になっても女性が米俵5俵を背負っている写真が残っています。

江戸時代の日本には、野球もサッカーもバスケットボールも存在せず、いわゆるプロのアスリートといえるのは力士のみでした。江戸勧進相撲の力士たちは、身体能力が優れた一般庶民の中でも飛びぬけた能力と体格に恵まれたスーパーアスリートだったのです。そのスーパーアスリートたちが狭い土俵（当時は13尺＝3メートル94センチ）の中で最大限に力を発揮し、なおかつ怪我をしないための動きを身に着けるために選択した最良の方法が四股だったのです。

◉四股の踏み方の変遷

ただ、四股の踏み方は時代とともに変遷し、浮世絵に描かれた四股と、明治〜大正期、さらに昭和の戦前、戦後の四股を比べると、踏み方は様変わりしています。それは、明治維新を経て西洋化の波が押し寄せ、大正、昭和と時代が進みスポーツが広まるにつれ、相撲でもスポーツ的側面が色濃くなっていったことに歩みを合わせているように見えます。近代相撲がスピード相撲と称され、表面的な筋力や瞬発力がより注目されるようになると、武術的に重要な「腰」や「肚」、「丹田」への意識が次第に薄れ、「腰」や「丹田」をつくり大地の気やエネルギーを取り込むという感覚が消えていったのだと思います。

真剣を持ち歩いていた武士の世界では、敵と遭遇したときに、体が温まるまで待ってくれと準備運動をすることはあり得ませんから、もともと準備運動は存在しません。肉食動物における闘いと同様に、本能的な動きや瞬時の判断が求められます。それゆえ、動きや心が「居着く」ことが自らの命を危うくすることから、「居着かない動き」が常に求められてきました。江戸勧進相撲の力士たちにも同様の感覚があったはずです。

◉四股探求のきっかけ

四股について深く考えるようになったのは、現役時代、映像に残る昭和初期から20年頃までの踏み方を見て何となく違和感を覚えたのがきっかけでした。足を上げ下げする動作は同じなのですが、上げ下げの拍子、あるいはリズム感が随分違うなと感じました。何気なく足を上げ、上げたと同時に下ろす動作が始まる。そして一息で下ろすと、下ろしたところでピタッと止まる。このように区切りのない動作について、そのときはなぜなのか深く考えるまでには至らなかったものの、今の四股との違いだけははっきりと感じました。

現在推奨されている四股は、腰を深く下ろした姿勢から軸足に体重をかけ、片足スクワットの要領で全身を持ち上げ、上げる脚の膝を真直ぐ伸ばすように高く上げ、上げた状態で静止したら、足を下ろし、下ろした後はさらにしゃがみ込み、股関節の可動域を広げるというものです。このような四股を踏むと、軸足の膝周りの筋肉が鍛えられ、バランス感覚が高まり、股関節の柔軟性が増す効果があるとされ、足を高々と上げることによって、それがパフォーマンスとして観客の拍手喝采を誘います。

私自身も映像で見る当時の四股が気になりながらも、片足スクワットの要領で軸足に負荷をかける四股を踏み、またそれを地味な動作を繰り返すことによる精神力強化の一環として捉えていました。

◉四股のおもひ

引退後、四股に関する本を何冊か上梓し、能楽師や武道家、物理学者等、様々な分野の方々と交流する中で、四股に対する見方や考え方も深まっていきました。

能楽師の安田登氏とは何度かワークショップや対談でご一緒し、能の稽古法について教えていただく機会にも恵まれました。中でも印象に残っているのが、「型」についての考え方です。能の稽古では、ただひたすら型を繰り返すのみで、曲の意味や解釈を聞くことさえ許されないといいます。そして、教えられた型を舞台上で演じていると、昔の人が型の中に冷凍保存した「おもひ」が解凍され、フッと湧き上がり、その「おもひ」を観客が感じて涙することすらあるのだそうです。

安田氏によると、「こころ」は「コッ、コッ、コッ、……」という心臓の音が元になっているそうで、「心変わり」という言葉があるように変化することが特徴で表面的なものです。それに対し「おもひ」は、不変で深層的です。それゆえ表面的な曲の意味や解釈は一切問わず、深層の型だけを繰り返すのです。そういう観点からすると、足腰を鍛えるとか股関節を柔軟にするとかいうことは、表面的なもので、深層の「おもひ」ではありません。

「腰をつくる」ことや「どこにも支点をつくらない」動き、「全身をつなげる」「均一にする」「テンセグリティ構造をつくる」ことこそが四股の真髄であり、「おもひ」という深層につながるのではないでしょうか。

◉動きの次元を変えるための四股

このように四股を型と捉えれば、ただ足を上げ下ろすだけのシンプルな動きは、深層的な「おもひ」を解凍するためのものだと考えることができます。型としての四股の中に冷凍保存されている「おもひ」とは、脳からの指令によってコンマ何秒かを要する表面的な筋肉の動きを排除し、心身の深層にはたらきかけ動物本能的な動きを身体に覚え込ませることではないでしょうか。

武道では、日常の動きをスピードアップするのではなく、10工程の動作を5工程、さらには3工程へと詰めていくのが武術的な動きを体現することだといわれます。運動神経や反射神経に頼ることなく、動作自体を少なくすることで、スピードではない早さを体現します。予備動作を極力排し、全身を一つにつなげ、足の上げ下げを重力を利用して一調子で行う、そういう四股が武術的な動きにつながるのです。逆に言えば、一調子の武術的な動きを身につけるために四股はシンプルな動きに設定されたのでしょう。

このような観点に立つと、軸足に体重をかけ、体重をかけた膝を伸ばし、足をなるべく高く上げ、軸足でしっかりバランスを取り、足を下ろした後には、股関節の柔軟性を高めるためにさらに深くしゃがみ込む、という一つ一つが、無駄な動作で、一調子どころか五調子にも六調子にも工程を増やすことになります。これでは、個々人の身体能力の中でのパフォーマンスを高めるだけで、頑張れば頑張るほど表面的な動きを覚えるばかりで、武術的で次元の違う動きとは離れていってしまいます。

◉四股、テッポウが無限の技を生み出す

次元の違う動きは、目には見えず数値にも表せません。目に見えないものや数値に表せないものは客観性、再現性が認められないため、非科学的と見なされがちです。しかしそれは本当に非科学なのでしょうか。私は、現代のスポーツ科学が解明できていないだけのことではないかと考えています。

目には見えず数値にも表せないものを否定するのではなく、曖昧なまま、複雑なまま、わからないものとして受け入れ、その中での感覚を磨いていくことが大切なのだと思います。

大相撲の稽古には、もともと技術練習は存在しませんでした。四股、テッポウを繰り返し、実戦練習といえる申し合い稽古（大人数で行う勝ち抜き戦）や三番稽古（同じ相手と何十番も行う）に入ります。指導においても、基本的には「前に出ろ」というだけです。その繰り返しの中から、体の無限な動きが生まれ、無限な技となっていくのですから、四股やテッポウは、単なる準備運動や整理運動でもなければ筋力トレーニングでもなく、自由で無限な動きを生み出し、「相撲力《すもうぢから》」を高めるためのものといえるのです。

◉四股がもたらすもの

私が入門した昭和58（1983）年頃は、まだ「相撲力」という言葉がよく使われていました。「相撲力」とは、具体的に説明することが難しいのですが、いわば相撲を取る上で必要な身体全体を使ったバランスの取れた力で、相撲を実際にやっている力士や親方衆にとっては、確かに存在し共有できる感覚がありま

した。同様に、四股、テッポウの大切さも、うまく言葉では説明できなくとも「相撲力」をつけるのに必要だという共通の認識があったように思います。

当時は筋力トレーニングには否定的な親方衆も多く、私も師匠には内緒でジムに通っていました。その後、小錦をはじめとするハワイ勢の圧倒的なパワーに対抗する手段として、また横綱千代の富士や隆の里、大関霧島等の筋力トレーニングの成功により、相撲界において筋トレは公認のものとなり、バーベルの重量を競い、筋肉の大きさに目が向くようになっていくと、だんだん「相撲力」という言葉が使われなくなっていきました。相撲力という目に見えない数値に表せないものよりも、筋力やスピードという数値化できるもののほうが、効果を実感しやすく、やる気にもつながるというわけです。

現在、世界中の多くの人たちが、テレビやラジオを楽しみ、スマートフォンを操り、ＧＰＳや気象レーダーの恩恵を蒙り、目に見えない電波の存在を当たり前のものとして受け入れ日常生活を送っています。

江戸や明治の人にとって、気や相撲力は、目には見えないけれども、現代人にとっての電波と同じくらい当たり前の存在だったのだろうと思います。その感覚から生まれたのが四股でありテッポウであって、四股を単なる準備運動や足腰のトレーニングとして終わらせてしまうのは、身体文化の損失につながります。四股に真摯に取り組むことによって、先人の「おもひ」、「相撲力」という奥深い身体文化に少しでも近づき体現することが、優れた身体知を集積して築いてきた大相撲３００年の伝統を継承することだと考えています。

２０２１年８月

松田哲博

目次

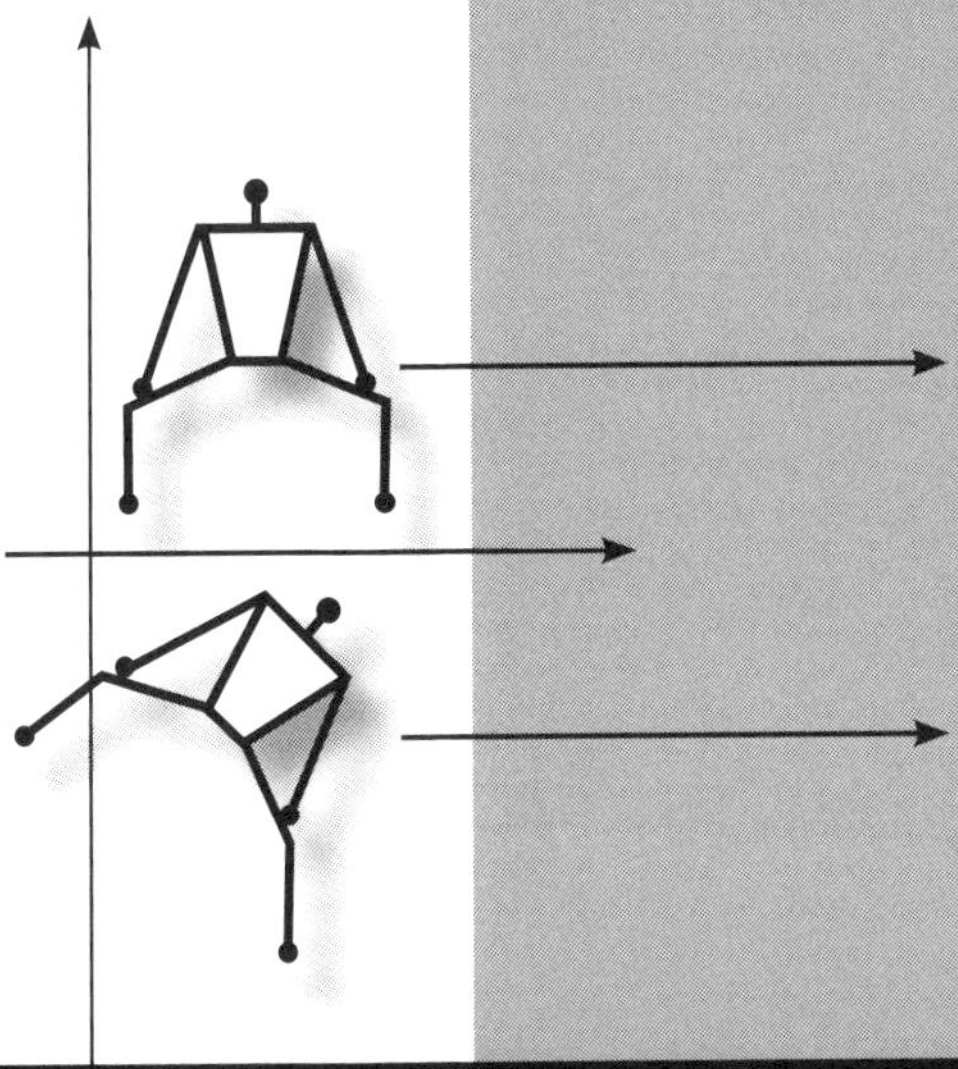

第1章

相撲からみる合理的な身体の使い方

I　〝腰を割る〟とは？

1　そもそも「腰」とは？

〝腰を割る〟という言葉は、武道に関わる人にはなじみがあっても、一般の人たちには耳慣れないようです。実際、カルチャーセンター等で年に何度か行っている「シコトレ講座」（シコや腰割りを基本にしたトレーニング講座）に参加する生徒さんたちに尋ねてみると、初めて聞いたという方が大半を占めます。

「腰」は現代人にとって、腰痛を感じる腰背部を指すものでしかありませんが、もともとは、もっと深く広い意味をもっていました。

広義に解釈すると、腰腹部はもとより股関節や骨盤、仙骨、丹田、骨盤底筋、横隔膜までをも含み、さらに肉体のみならず心の状態までをも表していました。

前向きな気持ちを表す「腰を据える」「腰を入れる」「本腰を入れる」「粘り腰」という言葉が

ある一方、「腰抜け」「及び腰」「逃げ腰」「へっぴり腰」「腰かけ仕事」等は、気持ちが定まらない状態や取り組み方を表現しています。武道に限らず生活の中で、「腰を割る」のほか、「腰で担ぐ」「腰で打つ」「腰が強い」「二枚腰」「腰が重い」など、様々な〝腰言葉〟が使われていました。「腰」は〝肉月〟に〝要〟と書く通り、日本人にとって心身の要だったといえるでしょう。

2 「二枚腰」に「重い腰」

〝相撲は腰で取れ〟という格言があるほど〝腰の文化〟をもつ相撲界でも、最近は「腰」という言葉を使う頻度が少なくなりました。

「腰を下ろせ」「腰が高い」等は、いまだによく使われますが、「腰がいい」「腰で取る」「腰をぶつける」等は耳にする機会が減っています。「二枚腰」にいたっては、死語に近い状態です。

横綱双葉山は、「二枚腰」と称されました。一度崩れそうになってからも、もう一度残る腰、「粘り腰」よりもっとしなやかで柔らかみのある腰のことをいいます。昭和17年夏場所千秋楽の安芸ノ海戦のうっちゃりは、左を深く差し腰を落として寄りたてる安芸ノ海をきれいに右にうっちゃりました（次ページ写真1～3参照）。

双葉山のうっちゃり

腰を落として寄り立てる安芸ノ海。

左からすくい腰に乗せる。

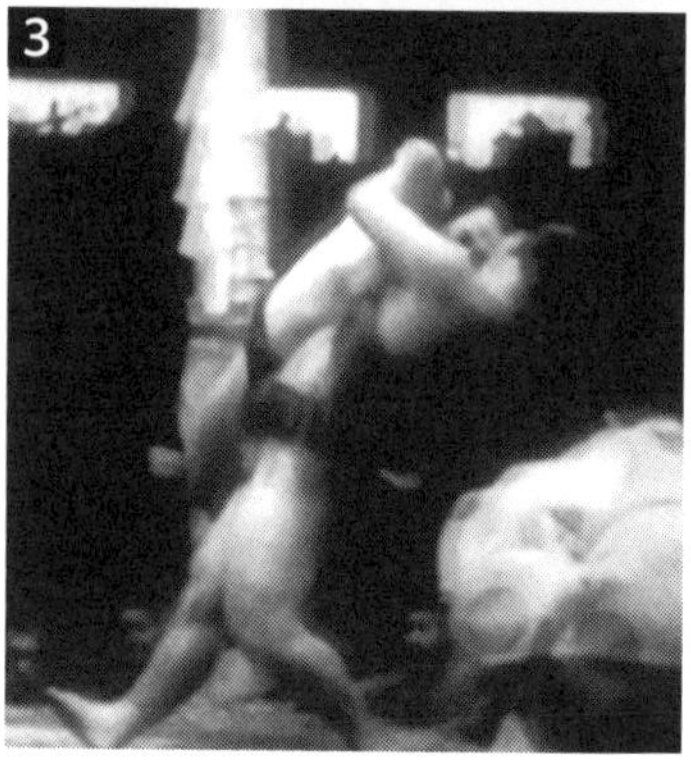
右足を軸に回転させてうっちゃる。

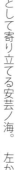

土俵下で見ていた関脇笠置山が「あれだけ腰を落としている安芸ノ海をよく腰にのせるものだ」と感嘆しています。まさに二枚腰のなせる業です。

「腰が重い」という言葉も最近はほとんど耳にしなくなりました。一般的には、なかなか行動に移そうとしない鈍重な様子を表しますが、相撲界では逆に褒め言葉として使われます。単に体重が重いだけでなく、押してもこちらの力が伝わりにくい、実際の重さ以上に重く押しにくい感覚を「腰が重い」と表現します。

3 腰を割るとは、腰を低くすること？

大相撲中継の解説などで、「腰が高い」「腰が下りていない」などと、腰の位置の高低を問題にすることがよくありますが、果たして腰を落とす、すなわち腰の位置を低くすることと「腰を割る」ことは同じなのでしょうか。表現は似ているようでも、「腰を低くする」イコール「腰を割る」ではありません。低くても割れていない腰もあれば、腰高にみえるが割れている場合もあります。

映像に残る横綱双葉山の相撲を観察してみると、双葉山は決して腰の位置が低くありません。一見立ち腰に見えるほどです。しかし、足を前後左右に一定の角度で開き、しなやかな軸が体を貫き、その軸上に腰の中心、いわゆる臍下丹田が乗っていて、常に腰の備えが一定です。さらに驚かされるのが、決して踏ん張らないことです。足で踏ん張ることなく、小刻みに足を動かしていいます。足を小刻みに動かすことによって軸と丹田の位置を保ち、自分の体の重みを一定の角度で相手に預けていいます。

腰を割るということは、単に腰の位置を低くすることではなく、股関節を開いて、重心（丹田）を体軸に一致させることにほかなりません。

4 なぜ腰を割らなければならないのか

腰を割ることが、なぜ大切なのでしょうか？

第一に、腰を割ることは、つま先を外向きにして足を開くことですから、安定感が増し、倒れにくくなります。それでは、開けるだけ開いた方がいいのかというと、そうではありません。開きすぎると動けなくなり、安定感もなくなります。狭からず広からず、ちょうどいい足幅があります。また、股関節を開くことで、股関節周りの筋肉を無理なく働かせることができます。

おんぶや抱っこされた赤ん坊の姿を思い浮かべて下さい。このときの赤ん坊は、股関節をゆる

どこにも力みのない双葉山の腰割り（工藤写真館（墨田区両国）提供）

めて開き、実に気持ちよさそうにしています。ゆるんで開いた太腿《ふともも》から膝下《ひざした》が重力に沿って自然に下に伸びていて、それは腰割りの構えそのものです。こうした姿を見ると、腰割りの構えがどこにも力みのない自然な構えだと納得できます。

股関節周りには、数多くの筋肉や靭帯がついていますが、それらが、同じように働き、同じようにゆるんだ状態が、股関節を無理なく開いた腰割りの構えです。つまり腰を割ることで、股関節周りの筋肉や靭帯が、偏ることなく総動員して使えるようになります。全体を同じように使うことが大切です。

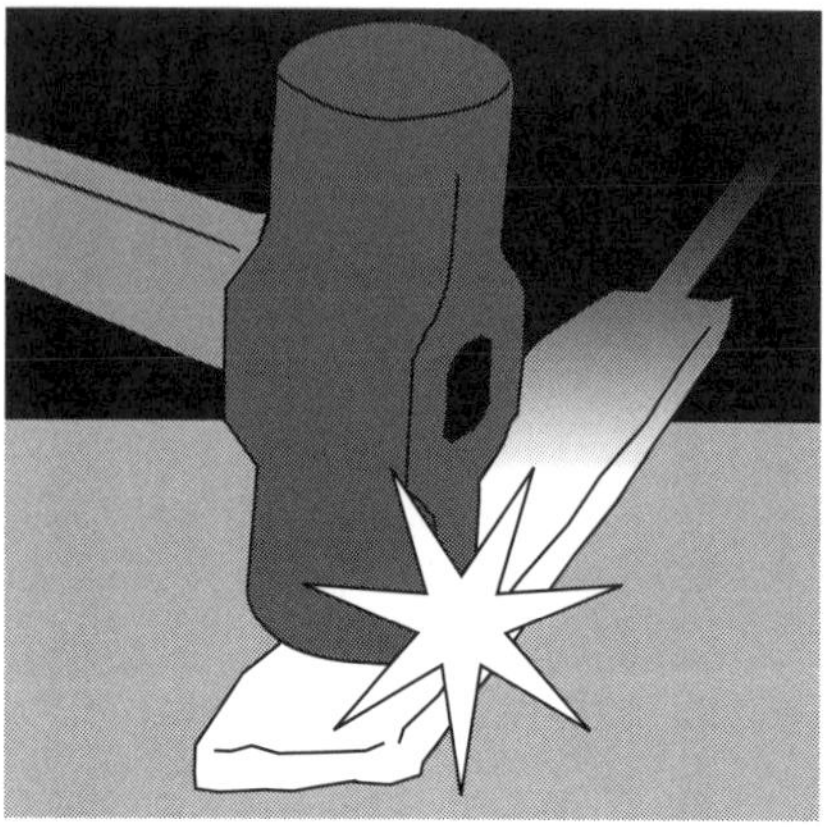

日本刀を作刀する過程においては地鉄を〝鍛える〟という工程を必ず経るが、これは鋼中に不均一に存在している炭素を〝均質化〟させる作業に他ならない（炭素含有率が高いほど硬いが、ムラがあるとそこが重大なウィークポイントになる）。
本論に直接関係ないが「均一になると強い」がここにもある。

5 腰を割ることは全身を均一にすること

思想家で武道家の内田樹氏との対談では「全身を均一にすると一番強い」という言葉が印象的でした。全身の緊張が均一になると、体の感度が上がり、全身がつながり、しなやかで最も強い形ができ上がるということです。

内田氏は、赤ちゃんを抱く母親の姿勢を例に挙げ、物理的に外力に対してもっとも強く、かつ長時間にわたってその姿勢が維持できなければならないから、エネルギー消費が最少で武道的にも理想的な形なのではないか。さらにその形は、韓氏意拳の光岡英稔先生に習った站椿功《たんとうこう》の形や、キリスト教の最後の祝禱《しゅくとう》にも通ずるものがあると指摘されました。光岡氏は、突いたり蹴ったりする稽古よりも、站椿功の形をつくる稽古のほうがずっと大切だと教え、チャ

深層外旋六筋（背面側からみたところ）

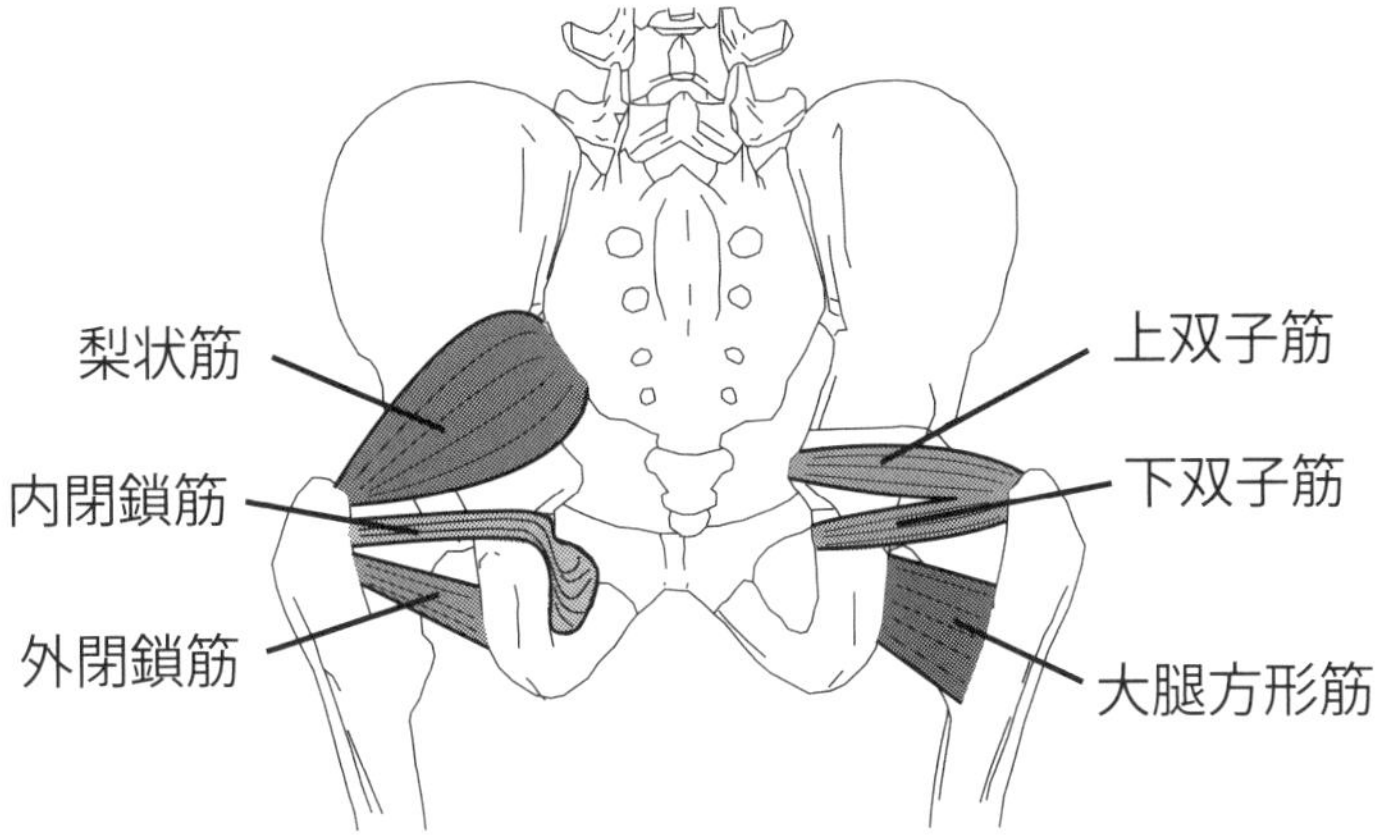

プレンの祝禱の形は、包み込む、守る、祝福するという行為を圧倒的力感で表現しているのだといいます。

　腰を割ることも、股関節周りの筋肉や筋を均一に使い、全身につなげるためのもので、全身が均一になれば、深層筋ともつながり大きな力が出るのです。

6 深層外旋六筋

　2010年に上梓《じょうし》した『お相撲さんの〝腰割り〟トレーニングに隠されたすごい秘密』（実業之日本社）の中で、股関節研究の第一人者である、筑波大学の白木仁教授にお話を伺いました。

　股関節周りに種々の筋肉や靭帯がついているのは、肩と同じように、いろいろな方向に動けるようにするためです。人間の足は、基本的には四足動物の後ろ脚と同じですが、二本足で立ったために使われなくなった筋肉も出てきたといいます。そのなかに、深層外旋六筋と呼ばれる六つの筋肉群があります（前ページ図）。

これはお尻の大きな筋肉（大殿筋）の深層にあって、文字通り股関節を外旋するための筋肉です。もともと足を外に蹴るのに必要な筋肉だったのですが、現代人の日常生活ではあまり使われなくなったことで硬くなり、仙骨をひっぱってしまい痛みや坐骨神経痛にもつながることがあるといいます。

しかしトップアスリートになるには、四足動物的な足の動きと使い方が必要で、深層外旋六筋のような深層筋をしっかり効かせないと、大殿筋のような大きな筋肉をダイナミックにかつ正確に使うことはできません。

股関節を開いて、腰割りの構えをキープするのは、深層外旋六筋のはたらきによるといいます。腰を割ることによって、表面の大きな筋肉のみならず、深層の小さな筋肉もすべてが働いて、体を安定させ、よりよい姿勢や動きをつくりだすのです。

テンセグリティ
圧縮材（写真ではストロー）と張力材（写真ではゴム）のみの組み合わせによるバランスだけで、複雑で安定した構造体が成り立っている。

7 人間の体はテンセグリティ構造

人間の体は、200あまりの骨と600を超える筋肉がつながってできています。骨だけでは立てませんし、筋肉だけでは形をなし得ません。骨と骨、骨と筋肉が靭帯や腱で、さらに筋膜でつながることで、人間として形づくられ、立つ、歩く、物を持つ等、様々な動きが可能になっています。人間の体も建築に例えられることがありますが、柱や鉄骨で骨組がつくられ、板やコンクリートで壁がつくられて建っている家屋等とは根本的な構造が違います。

〝テンセグリティ〟という言葉をご存じでしょうか。建築の世界から生まれた、Tensional（テンショナル：張力）と Integrity（インテグリティ：統合）を合わせた造語です。木の棒やパイプなどの圧縮材と、ゴムひもやワイヤのような張力材をバランスよく組み合わせたものがテンセグリティです（前ページ写真）。

建築物は一般的に、土台や基礎に支柱や鉄筋を積み上げていきますが、テンセグリティは、土台や基礎が全くないのに大きな構造物を建てられる、魔法のような構造です。テンセグリティ構造でつくったテントや屋根等の建築物は、同じ大きさをつくるのにも軽くて丈夫にできるのだそうです。

人間の体もやはりテンセグリティ構造に他なりません。骨という圧縮材と筋肉や筋膜という張力材がバランスよくつながって立ち、複雑で優雅な動きを可能にしています。そのバランスが崩れるのが筋肉の凝りや張りであり、怪我や病気につながっていきます。

8 腰を割ることは全身をつなげること

骨と骨をつなぐ関節は全身で260あまりに上ります。そのなかでも大きなものが股関節と肩関節です。両方とも、いろいろな方向に動けるようにボールアンドソケットの球（臼状）関節になっています。体幹にあり、いわば中心的な存在です。

人間の体を形作っている全身の骨や筋肉は、大きさも形もバラバラです。その形も大きさもバラバラな200以上の骨と600以上の筋肉を、テンセグリティな構造にまとめる中心になるのが股関節であり、肩関節なのだろうと思います。そして、股関節と肩関節（肩甲骨も含む）のテンセグリティ構造をつくるのが、それぞれ〝腰を割る〟という構えと〝腕《かいな》を返す〟という動きなのではないでしょうか。

腰を割ることとは、単に腰を低く重心を落とすことではなく、全身を力みなく均一にし、テンセグリティ構造をつくる、まさに全身をつなげるためのものなのです。

II 相撲は腰で取れ！

1 腰で取るとは？

〝相撲は腰で取れ！〟とは、相撲界で昔から言われてきたことです。ただこの言葉も最近では耳にすることが少なくなってきています。前項で探求したように、〝腰〟は、体の一部分だけを指すのではなく、アウターマッスルと呼ばれる表面の筋肉はもちろん、インナーマッスルと呼ばれる深層筋までもの全身を、さらには心と体をもつなげて使うためのものです。つまり、全心身をつなげるための要となるのが、〝腰〟なのです。その腰を働かせるために〝腰を割り〟、腰を割ることで全身が均一につながり、どこにも負担がかかることなく全身で力を発揮できるようになります。それが、腰が入った状態をつくり、腰を据えて取り組むことにつながります。

腰割りの姿勢

2 腰を割った構え

〝腰を割る構え〟をもう一度おさらいしてみましょう。ポイントは、写真のように、股関節を開き、ヒザとつま先の向きをそろえる、すなわち骨の並びをそろえることです。股関節を開くことで骨盤がニュートラルに立ち、その上に上半身がまっすぐに乗ります。

股関節が開き、骨の並びがそろうと、股関節やヒザ、足首等の関節に負担がかかることな

膝関節外旋トルクの積分値（ひざを捻る力）

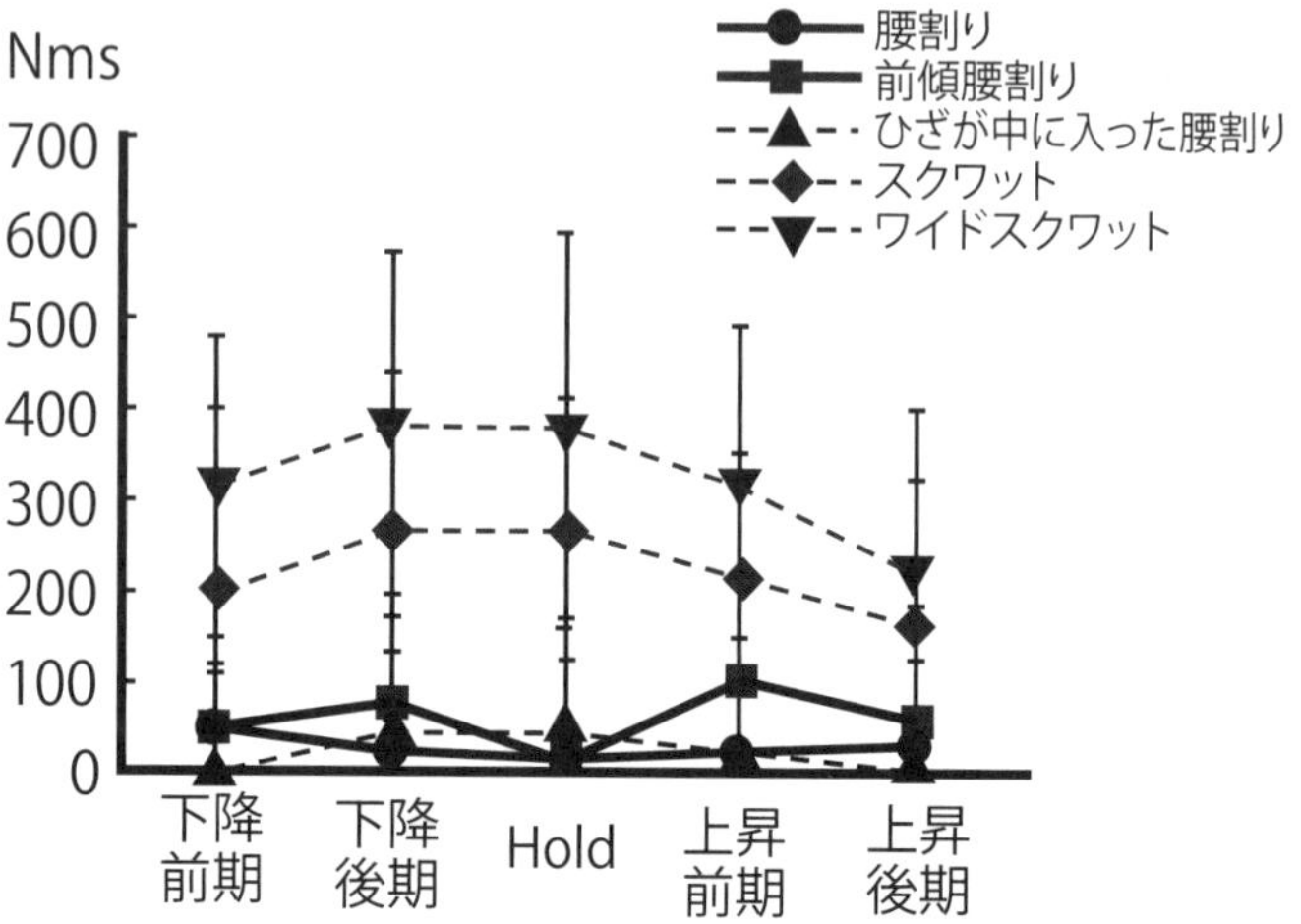

（2011年　楢原弘和）

腰割りは、スクワットに比べてひざや足首への負担が少ない。

足関節外転トルクの積分値（足首を捻る力）

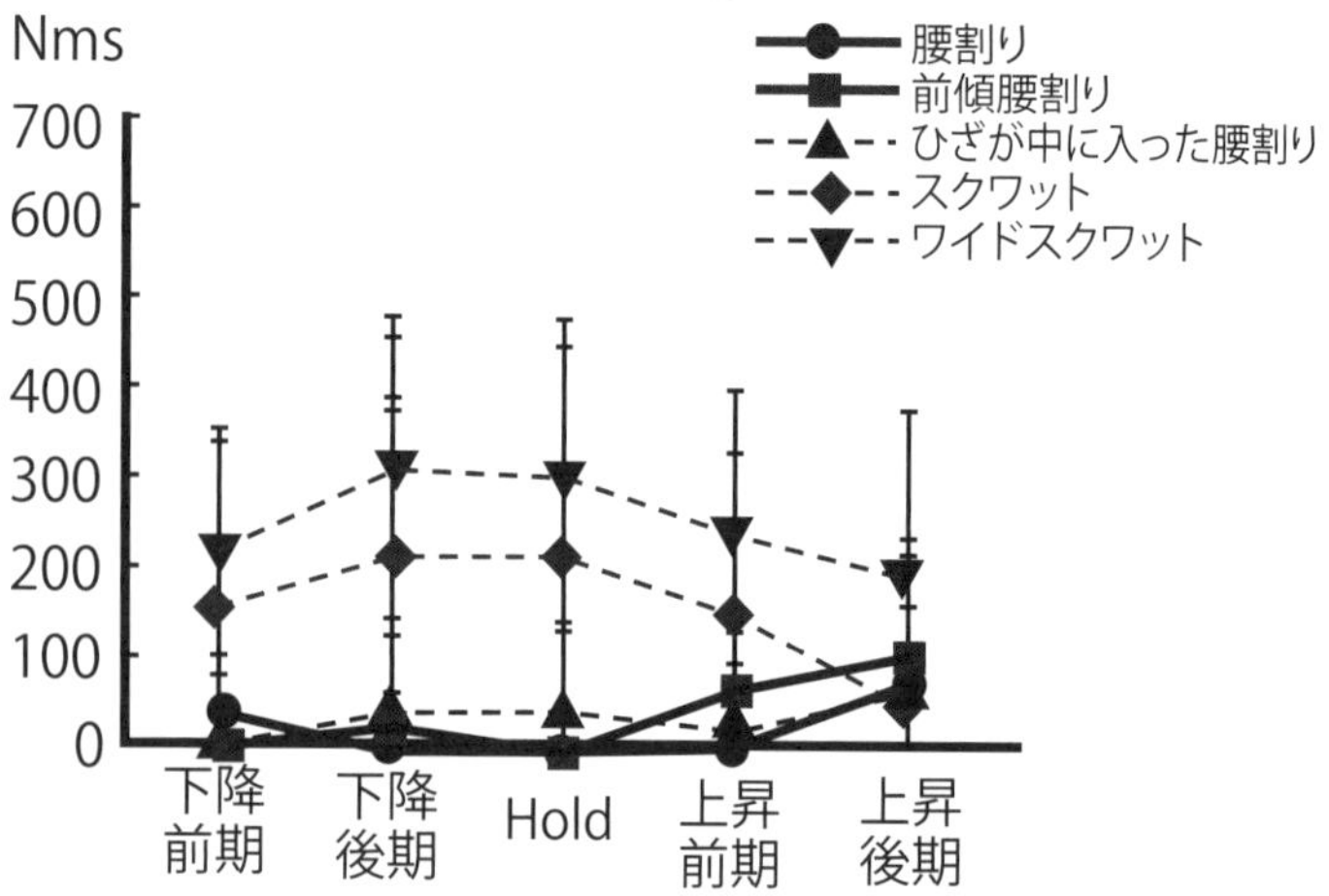

（2011年　楢原弘和）

く、あらゆる筋肉や靭帯が均一に働いてくれます。均一な状態を保つことが〝腰を割る〟ことです。

上半身も同様です。肩、首の力を抜いて、腰を反らせず、前傾させず、ニュートラルな状態に保ちます。すると、下半身と上半身がつながり、全身の構えが均一になります。腰を無理に低く下ろすことではなく、あくまでも股関節を開いて骨の並びをそろえることが重要です。そうすることで、全身がテンセグリティな構造（前項参照）になり、自然に上下を貫く軸ができてきます。

3 相撲を取るときは前傾姿勢が基本

基本の腰割りの構えでは、体をまっすぐにすることが大切です。まっすぐにすることにより、重力に沿って骨の並びがそろい、無駄な筋力を使わない構えになります。上半身だけが前傾したり、膝が前に出てしまうと、骨の並びがそろわず、つながりが途切れてしまいます。ある一部の筋肉や関節に負担がかかり、相手の大きな圧力や急激な力の変化に耐えられず怪我につながってしまいます。それを避けるための〝腰割り〟です。

骨の並びをそろえ、重力に逆らわないために上体をまっすぐに保つ腰割り。しかし、相撲を取るときの基本姿勢は前傾姿勢です。体をまっすぐに立てると、相手にいっぺんに押し出されてしまいます。

入門したころ、〝四股は上体をまっすぐに立てろ〟と指導されていました。相撲を取るときは前傾姿勢にならなければならないのに、なぜ四股ではまっすぐに立てるのか疑問に思っていました。いまは、それは前傾姿勢のとらえ方の違いなのではないかと考えています。

4 頭で当たる相撲は正統？

小さいころから相撲に親しみ、大学、大相撲と実際に相撲を取ってきましたが、体が小さいこともあり、頭でぶつかり頭をつけて相撲を取ることが正統の相撲だと思っていました。新弟子が入門してくると、体の大小にかかわらず、まずはアゴを引き上体を前傾させ、頭（額の生え際）からまっすぐ当たることを指導します。

しかし、映像に残る明治時代や昭和初期の双葉山等の相撲をみると、頭で当たり合う取組はほとんどありません。双葉山は、一見突っ立っているように見えるほど頭をさげることなく相撲を取っています。

それでは双葉山は前傾姿勢になっていないかというと、そんなことはありません。足から頭ま

双葉山（写真左）対照国（工藤写真館提供）

での全身で前傾姿勢をとっています。上体だけを前傾させるのではなく、全身を前傾させているのです。現に、双葉山と対戦した力士は、体重以上の重さを感じたとの証言を残しています。双葉山が全身をゆるませ、全身を貫く軸を相手に預けるように傾けていたからでしょう。

5 体の重みを相手に預ける

双葉山は、相手からの圧力を自分の体の重みで受け、圧力と重力の合力を体の軸に一致させています。詳しくみてみましょう。

実際には、重心の位置や相手からの圧力が時々刻々変化し、回転させる力（力のモーメント）等も生じますが、複雑になりすぎますので、上図の矢印のように単純化して考えてみたいと思います。

双葉山は、相手が押してくる力（圧力）に筋力で対抗するのでなく、体軸を傾け、体の重みを相手に預けるようにして相手の圧力と対しています。重力は常に下向きにかかっていますから、相手からの圧力と自分にかかる重力の合力が、自分の体軸と重なるように足を小刻みに動かし、体の傾きを微調整していきます。そうすることによって、余分な筋力を使うことなく相手を受け止めることができます。まさに全身を均一に使い、最小の力で最大の力を発揮しているのです。

これが、〝腰で相撲を取る〟ということではないでしょうか。

6 前傾姿勢の違い

もう一度前ページの双葉山の構えを見てください。上体と後ろ脚が一直線になり、右足は股関節を開いて前に出しています。基本の腰割りの構えから左右の足を前後に広げただけです。基本の構えのときには上体はまっすぐに立っていますが、前後に広げたため軸が傾き全身が前傾姿勢になっています。体は前傾姿勢になっていますが、体に働いている力は、重力と相手からの圧力が合わさり体軸に沿い、骨の並びと力の方向が一致しています。そして股関節は開き、骨盤も上

現在一般的に考えられている「前傾姿勢」は、上半身のみ前傾させる形。

半身と下半身をニュートラルにつないでいます。基本の構えのまま右足を一歩踏み出し前傾姿勢をとっているだけです。筋電図をとることができるとすると、おそらく偏りなくあらゆる筋肉がはたらいているのが見てとれると思います。

一方、現在一般的に考えられている前傾姿勢は、上半身のみの前傾姿勢です。上半身のみを前傾させますから、体が腰の部分でくの字に折れ曲がり、上半身と下半身のつながりが途切れ、腰で相撲を取れなくなってしまいます。双葉山が、腰割りのままの前傾姿勢なのに対し、現在は、スクワット的な前傾姿勢だと言えるでしょう。

7 再び腰割りとスクワットの違い

スクワットがつま先と膝を前に向けて腰を落とすのに対し、腰割りは股関節を開き、ひざとつま先を横に向けた状態で腰を落としていきます。両者の違いはそれだけです。

しかしながらその結果、スクワットではお尻（腰）が後ろにいきますから、上体は腰の部分で折れ曲がって前傾し、股関節も閉じてしまいます。それゆえ、腰やひざ、足首といった関節に負担がかかります。腰割りでは、上体はまっすぐのままです。上半身の重みがまっすぐ下半身にかかりますから、関節への負担はまったくありません。

また、筋肉に注目してみると、スクワットがほぼ太腿の前の筋肉だけに負荷がかかるのに対し、腰割りは太腿の後ろや内外、お尻の筋肉にまでまんべんなく負荷がかかります。まさに全身を均一に使い、どの関節にも負担をかけない構えになります。股関節を開いて骨の並びをそろえることで、関節への負担をなくしています。

8 四つに組んでいるのにいなくなっちゃう？

腰割りの構えから一歩足を前に出した構えが双葉山（当時の力士全般）の構えです。一歩足を前に出すことによって、下半身から頭までを貫く軸が前傾します。相撲を取っているときには、相手からの圧力が働いていますから、軸を前傾させることによって、相手からの圧力と自分の体にかかる重力との合力が自分の軸と一致します。そうすると、相手からの圧力を全身で受けることができ、さらに、その圧力を土俵に流すことができます。自分の筋力は必要最小限ですみます。双葉山は、おそらくそういう体の使い方で相撲を取っていたように思います。脱力して重みを相手に預け、相手からの圧力が自分の体の軸の傾きと重なるように、足を小刻みに動かしていたのでしょう。

相撲評論家で双葉山と親交のあった小坂秀二氏は著書『わが回想の双葉山』の中で、大関五ツ島の次のような言葉を紹介しています。

「一生懸命組んでいると、途中で、どうしたんだろう、いなくなっちゃったんじゃないだろうかと思うことがある」

五ツ島は、出羽ノ海部屋の大関で、本場所で二度も双葉山に土をつけたことがある実力者でした。五ツ島がこの不思議な感覚を覚えたのは、双葉山が全身を均一に使っていたからこそでしょう。

9 腰で相撲を取る

そう考えていくと、頭から当たっていく相撲は、立合いで相手に与える衝撃力は高いものの、〝一点集中型〟です。いわば、スクワット的な体の使い方と言えます。視野は狭くなり、リスクも大きくなります。それゆえ、双葉山時代までの力士は、頭で当たり合う相撲が少なかったのではないでしょうか。腰で相撲を取る、全身を均一に使って相撲を取ることが体にしみついていた力士にとっては、頭で当たっていくことは、一か八かの手段でしかなかったと思われます。

腰で相撲を取るとは、腰を要として全身を均一に使うことです。全身を均一に使うために腰を割ります。腰を割ることで、どこにも負担をかけることなく相撲を取ることができます。

『わが回想の双葉山』には対戦力士の次のような言葉も残っています。

「当時の私は、右で前まわしを取ったら、横綱でもそうはいかんぞくらいの気持ちを持っていましたが、双葉関だけは別でした。グイと押して出ると、双葉関の上体が反るので、手ごたえありと思ってさらに押すと、今度はもうビクとも動かない。見ると、動いたのは上体だけで、腰から下は少しも動いていない。本当に腰で相撲を取った人でしたね」（怪力をうたわれた初代玉ノ海）

「腕力はむしろないほうでした。腕相撲なんかでは羽黒山、名寄岩にかなわないのですが、相撲を取ると、幕の内の相撲取りをつかみ投げのようなことをやる。結局、腰なんでしょうね」（一門の力士）

III 相撲力《すもうぢから》

1 相撲の強さとは何だろう?

人は強さに憧れます。私も強さに憧れ柔道や相撲を始めました。高校では柔道部に所属しながら相撲にも精を出し、大学に入ると相撲部を創り本格的に取り組みました。それが高じて卒業後に大相撲の世界へ飛び込んだのです。年齢的に遅いというハンデを取り戻そうと、体調を顧みずがむしゃらに稽古し、ベンチプレスやスクワット等の筋トレで鍛え、一輪車にも挑戦しました(乗れませんでしたが)。強くなるためには体を大きくしなければならないと無理やり食事を詰め込み、プロテインやサプリメントを摂取し、筋肉を大きく強くすることに夢中になりました。

バーベルの重さが増し、胸板が厚くなり、強くなった実感が得られることもありましたが、バーベルを挙げる重量が頭打ちになり、ケガに悩まされ、必死にやればやるほど強くなることの難しさを身に沁《し》みて感じ、「どうすれば強くなれるのだろう」「相撲の強さとは一体何だろう」と模索する日々でした。

全身のパワーや筋力の強さは、もちろん関連性が強い要素ですが、真の強さとイコールではありません。また個人による限界もあります。小さい体に合った相撲を工夫するため武術の動きを研究したり、メンタル・トレーニングに取り組んだり、栄養学を学んだりして、様々な鍛練法や調整法を行いましたが、成果を上げることはできませんでした。引退後、さらに探求を深めていくにつれ、筋力の強さや運動神経、相撲のうまさ等といったものは、表面的なものでしかなく、もっと本質的なものがあるのではという思いを強めています。

2 猪飼道夫の式

日本のスポーツ科学のパイオニアとして知られる猪《い》飼《かい》道《みち》夫《お》元東京大学教授（故人）が競技力のパフォーマンスを表すのに示した次のような有名な式があります。

$P = C\int E(M)$

Pは競技のパフォーマンス、Cはサイバネティクスで制御やスキル、すなわち技術です。Eはエネルギーで体力もしくはパワーといえます。そしてMはモチベーションで、やる気や意欲という心の状態を表します。Ｅ（Ｍ）となっているのは、ＥはＭの関数、すなわち発揮されるパワーはやる気（意欲）によって高くなったり低くなったりし、心の状態に左右されるということです。∫は積分記号で、ある範囲の合計を示しています。

この式は、いわゆる「心技体」を公式化したもので、心技体それぞれ関わりがあり影響し合うものの、根本的には別のものというスポーツ科学的な考えに基づいた式です。それゆえ意欲を持って筋トレに励み、パワーアップした体で技術練習にしっかり取り組んでいくことが競技のパフォーマンスを高めていくことになります。試合で普段の実力を発揮できるようメンタル・トレーニングにも取り組めば、さらにパフォーマンスの向上が見込めます。

3 パワーには質がある

一方、運動科学者の高岡英夫氏は、著書の中でスポーツ科学が人間の身体運動を、Ｃ（技術）、Ｅ（体力）、Ｍ（意欲）という一義的な概念に分けることを要素主義だとし、本来の日本の伝統的な身体運動認識では、心技体はもっと一体的なものであったと述べています。さらに「技も力のうち」「力も技のうち」「全身これ技と化す」「動けば技となる」といった言葉が示す通り、身体運動という現象が、初めから最後まで丸ごと一まとまりの全体として存在しているといいます。

高岡氏はまた、パワー（E）には量だけでなく質の違いがあることを指摘します。ただ力を出すだけのパワーを「ラフパワー」、高度な技術性と戦術的認知性とが同時一体的に発揮されるパワーを「レフパワー」と呼び、力の出し方が技術にも大いに影響を与えるというのです。考えてみれば当然で、相撲で同じパワーでぶつかり合っても、脇が開いて手足の動きはバラバラの、ただがむしゃらにぶつかっていく力士と、脇を締めアゴを引き腰をしっかり構えた力士とでは、その後の展開がずいぶん違ってきます。

E（パワー）を高めようとすると、C（技術）やM（心の冷静さ）は下がり、C（技術）をより正確に行おうとするとE（パワー）やM（戦術）は弱まってしまいがちですが、より高い技術や心理状態を保ったまま発揮するパワーがレフパワーだというわけです。

4 相撲力と呼吸力

高岡氏は、レフパワーの代表的なものとして、合気道における「呼吸力」や相撲の「相撲力《すもうぢから》」を挙げています。相撲力とは、単に自分の体の筋肉だけで力を出すのでなく、必要最小限の力で軸や丹田を利かせ、ある部分はゆるませ、全身を統一し、重力を利用して重みを最大限に相手に伝え、まさに相撲を取ることに役立つ「力」です。

また、相手からの力、自分と相手の体勢や重心の位置、力の出し方や方向、心理など、さまざまな情報を瞬時に感じ、最適な方向に最小の力で発揮するのが相撲力です。技（C）や心（M）をも含む力（E）ですが、それでは前述の競技力（P）と同じかというと、違います。「心技体」をすべて一体化させた「底力」ともいえる「体力」に近い言葉です。

呼吸力については、養神館合気道二代目館長井上強一氏が次のように語っています。

「呼吸力の基本は、動いてもぶれない体の軸を確立するところにあります。そのためには、腰が立っていなければなりません。この軸を中心として、全身の働きをまとめていくところに、中心力が発揮されます。この中心力が、筋力や精神力や気力やリズムなど、体全体から発揮される作用を技の中に集中させると、そこに呼吸力が生まれるのです。ちょうど地下に拡がっていたマグマが火口に集まって大きな爆発を生むように、中心力によって、自分の持っているあらゆるエネルギーがひとつに統合され、発揮されたものが呼吸力なのです」

双葉山の投げ姿には、どこにも力みを感じさせない。

5 非力な双葉山の相撲力

本章で何度も紹介している双葉山は、筋肉モリモリという体型ではありません。腕相撲をやらせたら双葉山より強い力士は数知れなかったといいます。ところが相撲を取ると誰にも負けません。

また双葉山の相撲は、「どんな相手とやっても、相手より少しだけ強い」と評されました。まさに、必要最小限の力で相手に勝つ相撲力で相撲を取っていたのでしょう。本人は著書『相撲求道録』において次のように記しています。

「わたしは技倆《ぎりょう》においても、体力におい

ても、べつだん衆にすぐれた素質があったわけではありません。ことに腕力にかけては、むしろ弱いほうだったといってもよいでしょう。当時の幕内では、大邱山《たいきゅうざん》やわたしは、いわゆる「非力」の双璧といわれたくらいです。それだけにわたしは強引な相撲はとれなかったのです。ところが、いわゆる『腕の力』と『相撲力』とは違ったものです。力士のなかには、腕力の非常に強いものもあるのですが、ただそれだけでは、自分だけいかに力んでみても、相手にはさほど応えない場合があるのです。『相撲力』というのは、下腹と腰から出てくる力——要するに体ぜんたいから出てくる力で、訓練により、体力の充実にともなって、備わってくるものです」

6 相撲力という言葉が使われなくなった相撲界

ところが最近、相撲界でも相撲力という言葉を耳にする機会がめっきり減りました。相撲力という、数値に表せないものよりも、筋力やスピード、パワー等、目に見える数字として表せるものの方が強くなっていく実感を得やすいからでしょう。私が入門した昭和58（1983）年頃の相撲界にはまだ、筋トレに否定的な雰囲気がありました。ですから、当時の師匠には内緒でジムに通い筋トレを行っていました。相撲力という言葉が日常的に使われていた時代の親方衆にとっては、表面の筋肉を個別に集中して鍛え、太くしていく筋トレが、体全体で力を出す相撲力を高めるのには不向きだと直感的にわかっていたのでしょう。また、特定の筋肉に大きな負荷をかけることがケガにつながると危惧していたのかもしれません。

しかしながら、横綱隆の里や大関霧島が専門的な筋トレで成功したのと時を同じくして、小錦の圧倒的なパワーに衝撃を受けた相撲界でも、筋トレがだんだん一般的になっていきました。それに伴って相撲力という言葉は使われなくなっていきました。

7 不確定性原理

情報化社会の現代では、あらゆるものが数字で表され比較されます。そんな時代にあって、相撲力という数字に表せない、非科学的と思われるものよりも、数値として表しやすい筋力やスピードを高めていくトレーニングの方が好まれがちです。しかし前述のように、相撲力という言葉の中に含まれる要素は、筋力のみならず脱力や重力、相手との関係性、技術、気の流れ、心理、俯瞰力《ふかんりょく》やミラーニューロン……、おそらく最新のＡＩでも解析困難な複雑なもので、その複雑なものを複雑なまま扱うのが、真理に近づく本来の科学ではないでしょうか。

ボーアの水素原子模型（左）　電子の状態（右）

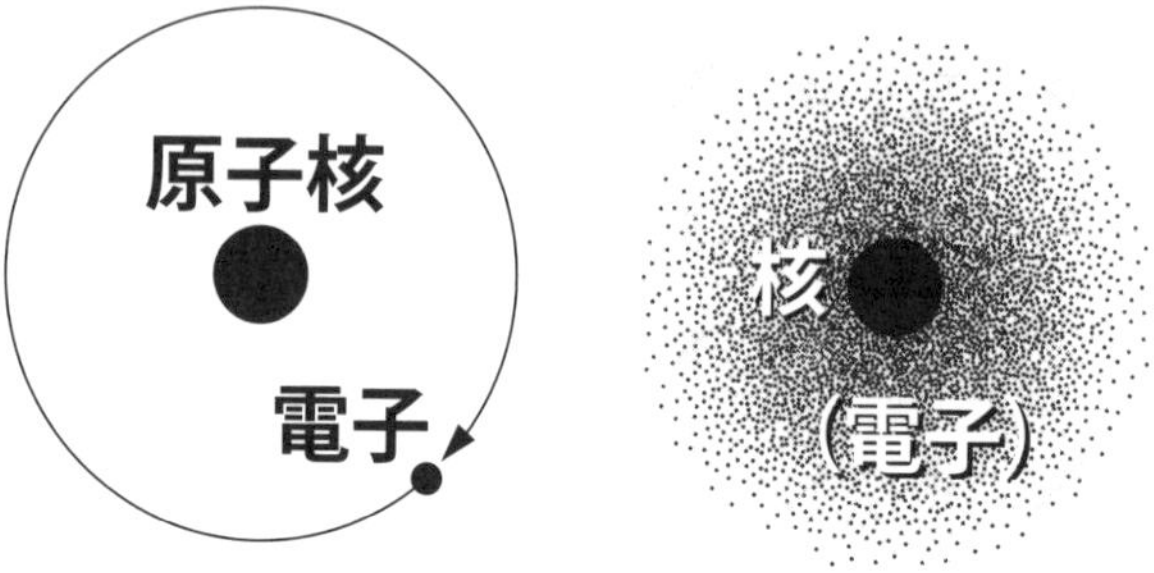

図1

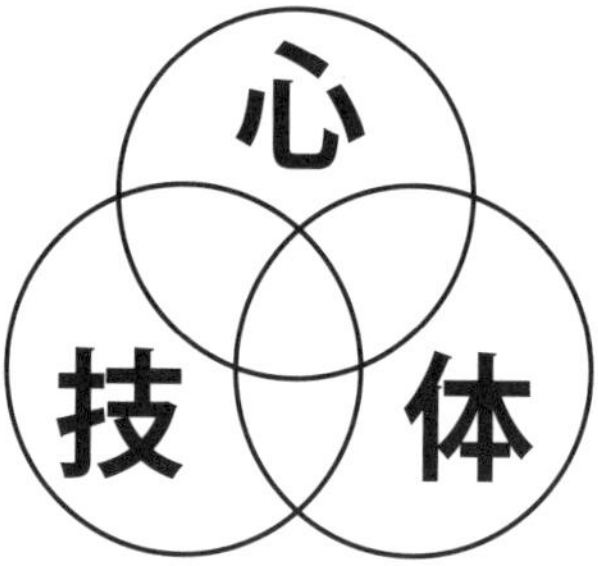

図2

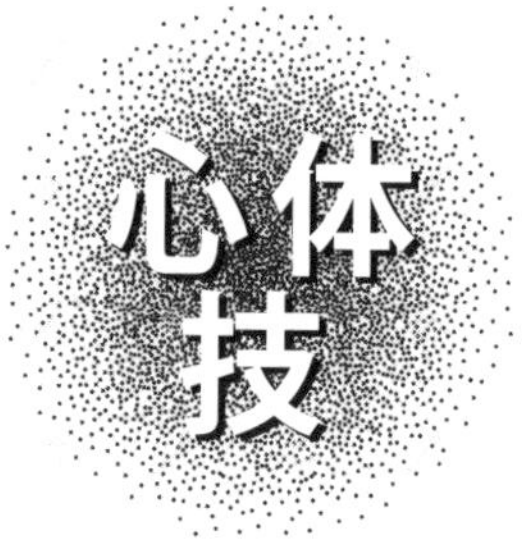

物理学の世界で、原子内の構造は長い間謎でした。19世紀末から20世紀にかけて、分光学の発達により原子核と電子の関係が推察され、「ボーアの原子模型」が提唱されました。それは、月が地球の周りをまわるような模型でしたが、後にハイゼンベルグによる不確定性原理等の量子力学によって、雲状の原子モデルが提唱されるようになりました。粒でありつつ波でもあるというのが不確定性原理です。

　非常に複雑でわかりにくいことですが、電子は、波であり粒子であるという二面性を持ち、測定するまではどちらかわかりません。測定の仕方によって波にもなり粒にもなります。同じことが、「運動量」と「位置」や「時間」と「エネルギー」についてもいえます。どちらか一方を確定してやると、もう片方は不確定さが大きくなるという原理で、すべての出来事は、ある確率でしか表すことができないという、非常に曖昧で複雑なものがミクロの自然界における原理です。心技体も図1のように分かれたものではなく、本来図2の電子雲のような混沌とした状態なのではないでしょうか（前ページ図参照）。

8 複雑なものを複雑なまま扱う四股、テッポウ

人間の体も根本は原子からできていますから、とても複雑で曖昧なものです。その複雑さや曖昧さを、複雑なまま扱ったものが相撲力という概念ではないでしょうか。ＡＩがどんなに進化しても人間の直観力には及ばないという説があります。その実例が法隆寺に代表される五重塔です。五重塔は日本各地に多数ありますが、１５００年近い歴史の中で火災で焼け落ちたことはあっても、地震で倒壊したことは、ただの一例もないそうです。その伝統工法がスカイツリー等の柔構造建築につながっているようですが、その根本的なメカニズムは最新のコンピューターを使って

◆◆高砂部屋の稽古（四股）風景

も解明されていないそうです。細かく分けて分析し、分析したものを再構築するよりも、複雑なものを複雑なまま扱うことでしか本質はわからないということではないでしょうか。

四股やテッポウは、どこに効いているのか、何のためにやるのか、それで相撲が強くなるのか、よくわからないものです。「効果がよくわからないから非科学的」なのではなく、四股やテッポウもまた、五重塔の構造と同じように複雑すぎてわからない人間の体や心、身体運動としての技、つまり心技体そのものを複雑なまま扱うためにあるのではないかと私は考えています。現代のスポーツ科学では解明できない、あまりにも複雑な相撲力を育てるのは、四股、テッポウしかないのだと思います。

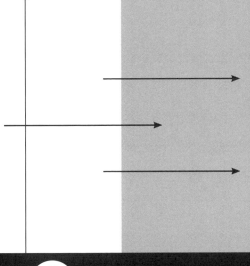

第2章

四股が身体を変えるメカニズム

Ⅰ 心気体と四股

1 心技体

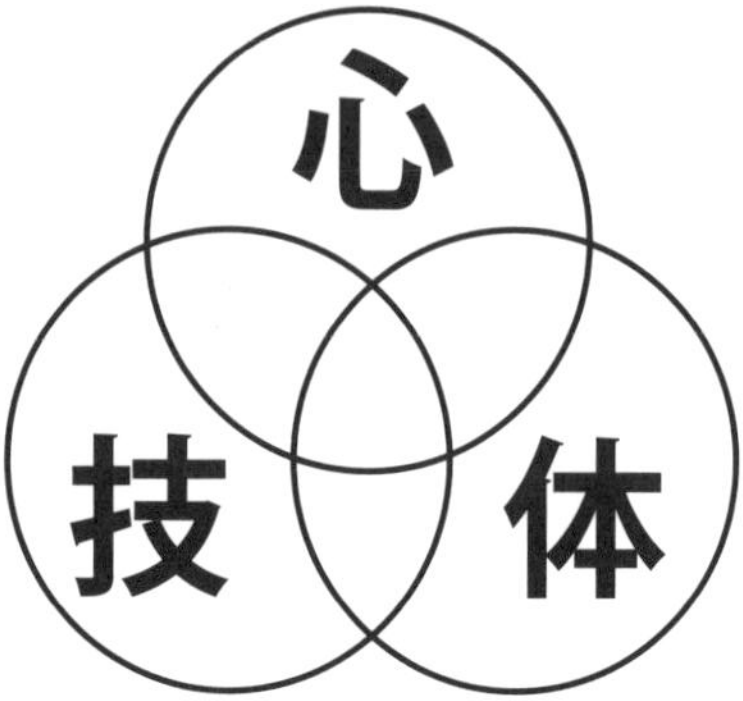

〝心技体〟という言葉はいまや、一般的にもなじみ深いものになっていますが、はじめは武道の世界の言葉だったようです。それが次第に大相撲の世界でも頻繁に使われるようになり、さらにはスポーツのみならず、音楽や芸術、ビジネスにおいても使われるようになっています。

〝心〟と〝技〟と〝体〟、3つがバランスよく整ってこそいいパフォーマンスが発揮される。それゆえ、メンタルや技術に優れていても体力が伴わない場合には筋力を強化し、体力や技術はあるのに力を発揮できない場合にはメンタルトレーニングを施すという具合に、弱い部分を鍛え〝心技体〟のバランスを整え、競技のパフォーマンスやビジネスにおける業績を上げるという考えです。

〝心技体〟という考えの根底には、〝心〟と〝技〟と〝体〟が別々のものという認識があります。それぞれ影響し合いつながりはあるものの本来は別のものだという認識です。

2 心気体

〝心技体〟という概念は今は一般にも浸透していますが、もともと相撲界では、〝心気体〟という言葉を使っていました。昭和16年に刊行された『相撲道教本』に、著者の元阿久津川の佐渡ケ嶽親方は、「相撲は心・氣・體（体）一致の力によるものであって、修心・養氣・齊體の三者こそ軌道修練の要諦である」と記しています。また、横綱双葉山は時津風として弟子の指導にあたるときに〝心気体〟という言葉をよく使っていたといいます。さらに、立行司木村庄之助や行司の家元として知られる吉田司家も〝心気体〟という言葉を残しています。

合気道でも〝心気体〟です。合気会二代目道主植芝吉祥丸氏は「人体の重心、臍下丹田《せいかたんでん》より出す、気力、心力、体力すべて統一集中した無限の力を、合気道においては呼吸力と呼び、この力が通ずることによって、無限の各技法が生きた働きをするのである」と著書『合気道』に記しています。

3 気とは？

それでは〝気〟とは一体何でしょう。心や体は、誰もがその実体を感じ、科学的研究もそれぞれの分野で進んでいます。心については、心理学や脳科学、神経科学等で、体については、解剖学等の医学やスポーツ科学等で筋肉や骨、内臓に至るまで事細かに解明されています。

一方、〝気〟は未だ非科学的な印象が否めません。しかし川越市の帯津三敬病院の帯津良一名誉院長によると、イギリスやアメリカ、中国などでは〝気〟についての科学的研究が盛んに行われ、特にイギリスでは遠隔気功療法はあたりまえの治療で、保険適用もされているそうです。

日本においては、「元気」「やる気」「気合」「陽気」「雰囲気」「病は気から」など、〝気〟を用いた言葉が日常的に使われ、おそらく大多数の人が神社や古刹に詣でると清浄な〝気〟を感じるはずです。

東洋医学では、〝気〟は〝生命エネルギー〟や〝宇宙を満たしているもの〟で、〝宇宙創成の時からあるもの〟とされています。そうすると、〝気〟は、体や心よりもっと根源的なものです。

空手道禅道会の西川道場主は、〝気〟はエネルギーで、心と体をつなぐものだといい、心が弱いからうまくいかないのでなく、〝気（エネルギー）〟が弱いから心と体がつながらないといっています。

4 〝心〟が出来たのは3000年前？

親交のある能楽師の安田登氏の著書『身体感覚で『論語』をよみなおす。』に、〝心〟について次のような興味深い話があります。

―「心」という漢字は、孔子が活躍するほんの五〇〇年前まではこの世に存在しませんでした。で、ある日、「心」が出現した。その突然の出現に人々は戸惑い、「心」をうまく使いこなせないままに五〇〇年間を過ごします。そんなとき孔子が現れて、人々に「こころの使い方」を指南した、その方法をまとめたのが『論語』ではないか、と思い、『論語』を読み直したのです。―

孔子は今から2500年ほど前の人です。その500年前ですから、およそ3000年前には「心」という文字も、「心」という概念自体もなかったそうです。日本では縄文時代から弥生時代に移行する頃です。

さらに、プリンストン大学心理学教授のジュリアン・ジェインズも楔《くさび》形文字や古代ギリシャ語の研究から「心が生まれたのは3000年前だ」と主張しているそうです。

5 心がない人間とは

3000年前まで心がなかったとは、にわかには信じがたいことですが、心を自分の意思、自由意思と定義すると、なるほどとうなずける気もしてきます。それでは心ができる前は、どう生きていたのでしょうか？　それは「命《めい》」の世界だったといいます。運命、天命、宿命の「命」です。

考えてみれば、自然界の動物は全てそうです。出世しようとか、有名になりたいとか、旅行に行きたいとかいう「心」、いわゆる自由意思とは関係なく、与えられた環境で、ただ生きています。本来人間もそういう存在だったはずです。

「心」ができたばかりに、「悲しみ」「怒り」「悩み」「戸惑い」「恋」や「愛」等の感情が生まれ、苦しみや心の病を背負うようになったのです。

〝体〟ができ上がるのは諸説あるようですが、人類登場はおよそ200万年前といわれ、我々と同じグループに属する原生人類があらわれてきたのは20万年くらい前になるようですから、

気が心と体を一つにする。

3000年前にできた〝心〟よりはかなり古いのですが、〝気〟が138億年前の宇宙創成のときからあるものだとすると、心も体も、つい最近生まれた新生児のようなものです。

6 無心

テニスの全米オープンでの大坂なおみ選手の快挙が日本中を沸かせました。マスコミ等でよく報じられたのがメンタル面の成長です。それまで、プレー中にイライラし怒りをぶつける場面が多かったのが、冷静にプレーを続けられるようになった。弱かったメンタルが強くなったからこその快挙だといわれています。心技体の観点からいうと、心が技術と体力に追いついて心技体のバランスが整った成果だというわけです。

しかし私は、大坂選手の快挙は心が強くなったからではなく、3000年前の人のように心をなくすことができたからではないかと思っています。心をなくし、感情に左右されないプレー、いわば、無心の境地です。心と体を一致させ、心を体の中に取り込んで心身一如の状態になれたのだと思います。そして、心と体を一つにするのが〝気〟の働きです。

7 四股の不思議さ

再度、〝心気体〟について考えてみましょう。前述の『相撲道教本』によると、心気体とは、〝修心〟〝養気〟〝齊體（体）〟一致の力です。心を修め、気を養い、体を齊《ととの》えることです。心技体のように3つのバランスを整えるのでなく、心気体を一致させることです。

合気道では、心気体が一致することで出る無限の力を呼吸力と呼んでいます。それを相撲界では〝相撲力〟という言葉で表してきましたが、最近ではめっきり使われなくなってきました。心技体のように、弱いところを取り出し鍛えるのではなく、心気体を一致させるのが相撲に役立つ力、〝相撲力〟です。

そう考えると、四股の不思議さが腑に落ちてきます。

四股で心技体を一致させる。

スポーツ科学的に四股を捉えると物足りないことばかりです。筋力を高めるためには負荷が少なく、筋持久力や心肺機能を高めるためにも強度が足りません。

8 心気体を一致させるのが四股！

しかし、〝養気〟―気を養うという観点からすれば、何百回、何千回と繰り返すことの大切さが理解できます。くり返すことで、〝齋體（体）〟―体を齊えることができます。〝齊〟には「ととのえる」「ひとしい」「そろえる」「同じ」という意味があります。まさに体を均一にすることです。

安田氏によると、「こころ」は、「コッ、コッ、コッ」という心臓音が元になっていて、「こころ」変わりという言葉があるように、変化することが特徴だといいます。「心こそ心迷わす 心なれ 心に心 心ゆるすな」という沢庵禅師の歌もあります。〝修心〟―変化する「心」を修め、心と体を一体化させることが心気体を一致させることです。四股は、そのために踏むのではないでしょうか。

9 全身を齊《ととの》えるための四股

そう考えると、四股の踏み方が自ずとみえてきます。気を養う、気を通すことで心と体がつながりますから、宇宙（自然）の力、すなわち重力に逆らわないことが肝要です。

膝と股関節を開き骨盤を立て、「四股は羽目板の前で踏め」という格言どおり上体をまっすぐに立てます。重力に沿うように骨の並びを齊《ととの》え、重力を利用して体を傾け、重力に任せて足を踏み下ろします。このとき、全身を一つにして、ゆっくりなめらかに途切れることのない動きで足を上げます。軸を意識して、肩の力を抜き、なるべく表面の筋肉をゆるめ、スネの骨が垂直に下りるようにストンと足を下ろします。スネを垂直に下ろすことにより、スネの骨に適度な刺激が加わり、骨ホルモンの分泌を盛んにします。全身をゆるめてストンと下ろすことにより、全身の筋肉がゆすられ、ゆるみます。何十回、何百回と繰り返すにしたがい、全身の筋肉が、細胞が、均一に齊《ととの》ってきます。無理にしゃがみ込んだり、足を高々と上げることは、重力に逆らった動き

テッポウ

であり、一部分の筋肉や関節を伸ばしたり縮めたりするだけのことなので、全身が齊《ととの》いません。

10 大相撲には技術練習がない

四股は、予備動作やストレッチをせず、腰割りの構えから重力に逆らわずに足を上げ下ろしするだけです。そのシンプルな動きを、ただひたすら繰り返すことによって〝心気体〟が一致する力を高める、すなわち〝相撲力〟をつけることにつながります。

大相撲には、もともと技術練習はありません。柔道の「打ち込み」のように「上手投げ」や「内掛け」の技だけを取り出して練習することはありません。四股、テッポウ、すり足等の基本動作をくり返し、「申し合い」と呼ばれる実戦式の稽古を行うだけです。

◆◆稽古後、全員で行うすり足（通称むかで）

基本動作をくり返し〝心気体〟が一致すると体の感度が上り、動きがそのまま技につながります。

合気道の開祖植芝盛平は、「技に名前をつけるな。名前をつけると技に居着いてしまう」、すなわち名前をつけると技にとらわれて小手先の動きになってしまうから駄目だと戒めたそうです。そして、「動けば技が生まれる」と言っています。〝心気体〟が一致すれば、自然と技は生まれてきます。シンプルな四股を繰り返すことが、切れ味鋭い多彩な技を身につけることになるのです。

II 筋トレと四股と"一"と

1 四股を踏みはじめて40年余

中学・高校時代は柔道部に所属しながらも、相撲の大会に参加することがあったので、四股を踏みはじめました。大学では自分で相撲部を創り、4年間四股を踏みつづけました。大学卒業後、相撲界の門を叩き、今度は力士として24年間四股を踏みました。引退してからも毎日のように踏んでいますから、かれこれ40年以上四股を踏んでいることになります。

20代の頃は、足腰を強くするための、片足でのスクワットというつもりで、なるべく大腿四頭筋や膝に負荷をかけようという気持ちで踏んでいました。相撲の基本として大切だと思いつつも、四股は怪我をしないための準備運動や整理運動であり、脚の筋肉を鍛える筋トレの一環という意識を強く持って踏んでいました。

2 四股探求のはじまり

あるとき、戦前の力士が四股を踏む映像を見て、現代の四股との違いに気づき不思議な感覚にとらわれたことがありました。戦前の力士は足を高く上げることなく、〝ストン〟と一拍子で下ろしていたのです。今思えば、四股探求の旅がはじまった瞬間でした。

しかし、その後も深く考えることなく、それまでと同様、「足腰を強くする」「基本運動として大切」という意識で頑張って四股を踏み続けていました。「四股は苦しいもの」「苦しいのを我慢して踏むことが精神力を鍛える」、そんな思いを持ち、「より苦しく踏むのが四股だ」と、自分に言い聞かせながらも、昔の映像の〝ストン〟という軽やかな四股が心の片隅にひっかかっていました。

3 二段四股

入門してすぐの頃のことです。四股を踏んでいるときに、足を下ろしたあと、そこからさらに腰を下ろすと、「二段四股を踏むな！」と、当時師匠だった元房錦さんに叱られたことがありま

二段四股

1 足を上げ、

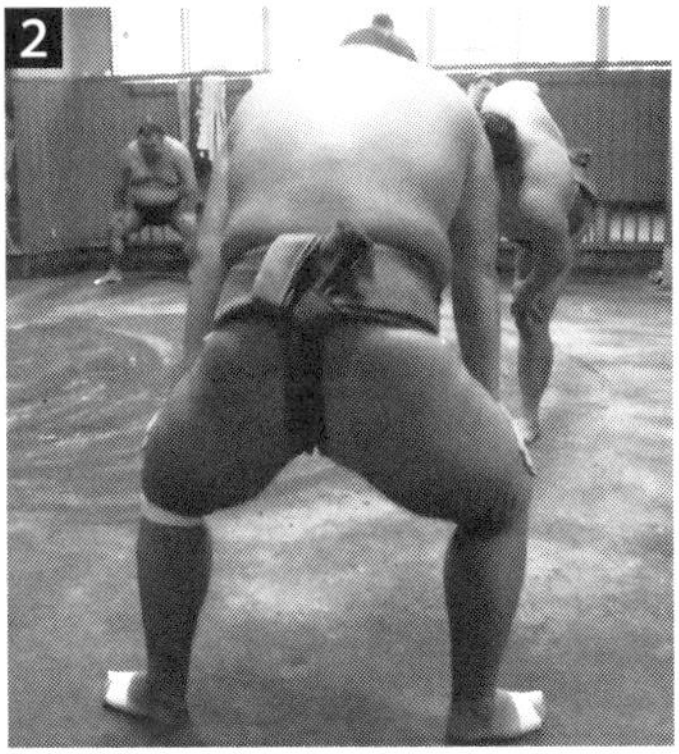

2 足を下ろし、

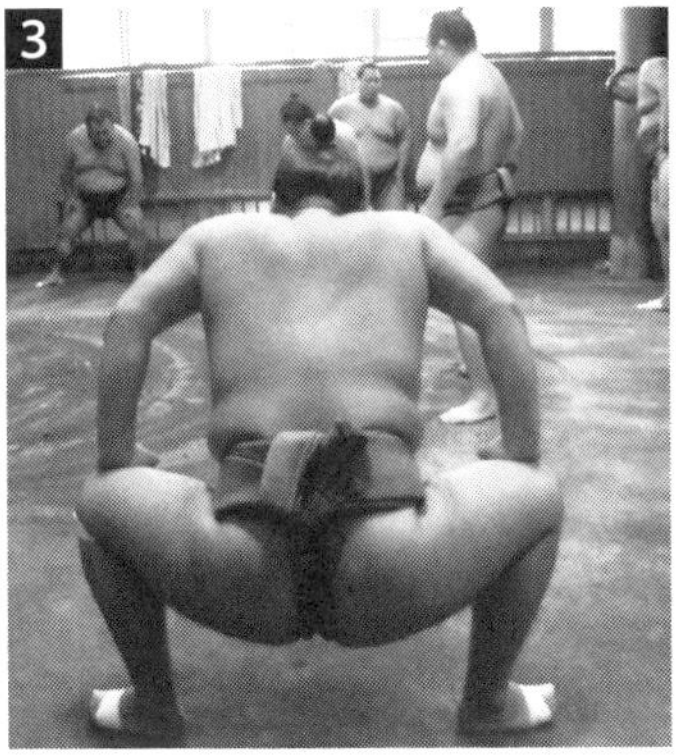

3 足を下ろしてからさらに腰を下ろす。

した。「はい」と返事をしながらも、「深く下ろしたほうが効くのになぁ」と内心疑問に感じていました（上掲写真参照）。上げる脚のお尻を「パチン」と叩くことを注意されたこともありました。何《いず》れも、アマチュア相撲ではごく自然に行われている動作です。

「四股十両、テッポウ三役」という言葉もよく聞かされました。「四股を究めれば、相撲を取らなくても十両に上がれる。そこにテッポウを加えれば三役まで上がれる」ということですが、単に基本の大切さを教える言葉だという認識でしかありませんでした。基本の大切さは十分認識しながらも、相撲の強さを決めるのは筋力であり、体のバネであり、瞬発力、そしてバランス力や柔軟性であるのだと思っていました。自分は体のバネや柔軟性に欠け、体も小さいため、それを補うためには筋力アップしかないと、トレーニングジムに通いベンチプレスやスクワットの重量を上げるのに必死でした。

4 股関節脱臼による変化

小さい体の割には重いバーベルを扱えるようになり自信もついてきたのですが、それが即、相撲の強さに結びついた訳ではありませんでした。そして本場所が始まる1週間くらい前になると必ずどこかしら怪我をすることの繰り返しでした。いま考えると、やはり偏ったトレーニングで、前項で探求した心気体一致の方向とは逆のことを行っており、一生懸命やればやるほど怪我のリスクは高まっていたのだろうと思います。

30歳になる手前の頃、初日の一週間前に股関節脱臼という怪我をして入院生活を余儀なくされたことがありました。本場所には無理して出たものの、その後、以前のような相撲の稽古がなかなか再開できず、「今までのトレーニングのやり方が間違っていたのでは？」と考えるきっかけとなりました。

5 筋力に頼らない相撲の本質を探る

それからは様々なトレーニング雑誌を読み漁り、高岡英夫氏の元で身体の使い方を学び、気功や呼吸法、ゆる体操、ストレッチ等にも取り組みました。トレーニングの比重を筋トレから四股・テッポウ等の相撲本来の基礎トレーニングに移していくと、怪我の割合もずいぶん低くなりました。それでも筋力が落ちていくことへの不安はあり、筋トレ自体は量を減らしながらも続けていました。

四股についての探求が進むと、四股の大切さを若い頃より身に沁みて感じられるようになり、40歳を超え、筋力や瞬発力が落ちてからは、筋力に頼らない相撲の本質を探る絶好のチャンスだと思いながら現役を続けました。しかし、いざ土俵に上がると、勝ちたい気持ちと、昔からの体の動かし方のクセが抜けず、相撲の本質を体現するには至らず46歳11カ月で現役を引退することとなりました。引退して11年、武道家や能楽師、スポーツ科学の研究者等、様々な方との出会いがあり、四股関連の本を何冊か出版し、カルチャー教室でシコトレ指導を続け、四股探求も少しずつ深まってきました。

6 平尾剛氏の『脱筋トレ宣言』

ラグビー元日本代表の平尾剛《ひらおつよし》氏が、ミシマ社のミシマガジンで『脱筋トレ宣言』というブログを連載しています。平尾氏も若い頃、筋トレに励み、怪我を繰り返した過去があります。ある日のブログでは「トップアスリートの取り組みから」と題して、クライミングの男子リード種目でW杯総合優勝に輝いた安間佐千《あんまさち》選手を紹介しています。

安間選手は、腕立て伏せのような単純な筋トレはしないそうで、「一番酷使するのは肘から指先までの筋肉だが、そこばかり使うと、すぐに疲労がたまって登れなくなってしまう。なるべく腕以外の部分に力を逃がしてやるのがコツ」だとし、「体幹と足を使って体を持ち上げれば、手の力はいっさい使わずに済む。手と足と体幹が連動することで、足し算ではなくかけ算の力が発揮される。すべてがうまくはまると、手の力に頼らなくてもすごい動きができる」と語っています。

これは、第1章のはじめで紹介した「全身を均一にすると一番強い」という内田樹氏の言葉に

筋トレは、ひとつひとつの筋肉を個別に鍛えるため、体のバランスを損なう恐れがある。

通ずる感覚でしょう。また、前項で探求した心気体一致の力である「相撲力」や合気道の「呼吸力」にも通ずる力ではないでしょうか。

7 効果がすぐ出るのが落とし穴

平尾氏は筋トレの「功績」を認めつつも、「罪過」について論じています。第一に筋トレは、ひとつひとつの筋肉を個別に鍛えるため、からだのバランスを損なう恐れがあります。そして、筋トレの最大の効果である努力の可視化が、逆に落とし穴になるといいます。挙げられるバーベルの重さが日に日に増し、胸や腕も太く逞しくなる。目に見える数字や肉体の変化から私たちは、充実感を得、意欲が高まり、いいことずくめです。しかし、スポーツや武道は、心や身体が複雑に絡まりあって成り立っています。筋力はパフォーマンス向上につなげる、その一要素にすぎません。競技レベルが高まれば高まるほど、暗闇の中を手探りで探すような微細な感覚が必要になってきます。筋トレでつけた筋肉での動きは、しなやかさや動作のコツという目に見えない身体感覚を錆びつかせることになると、平尾氏は指摘します。

8 四股で〝一〟を体得する

四股の効果は目に見えにくく、すぐには結果に結びつきません。体の感度を上げ、重力を使い、気を通す、そういう目に見えない身体感覚を養うのが四股であり、テッポウです。体を一つに使う、均一に使う、というのも数値化できないことです。

世界的に著名な数学者・岡潔が、小林秀雄との対談『人間の建設』（新潮社）の中で次のように語っています。

「子どもが自然数の一を知るのは大体生後十八ヵ月と言ってよいと思います。それまで無意味に笑っていたのが、それを境ににこにこ笑うようになる。つまり肉体の振動ではなくなるのですね。そういう時期がある。そこで一という数学的な観念と思われているものを体得する。生後十八ヵ月前後に全身的な運動をいろいろとやりまして、一時は一つのことしかやらんという規則を厳重に守る。その時期に一というのがわかると見ています」

「私がいま立ちあがりますね。そうすると全身四百幾らの筋肉がとっさに統一的に働くのです。そういうのが一というものです。一の中に全体があると見ています」

岡潔のこの言葉に出会ったときに「四股は一だ!」と叫びたくなりました。四股は、生後十八カ月に体得した〝一〟を体に呼び覚ますために踏むのだと腑に落ちた瞬間でした。

9 〝一〟で上げ〝一〟で下ろす

野生動物や泳ぐ魚の群れは、一瞬にして身を翻して動きます。あれこそ〝一〟の動きです。また、能楽師が舞台で動く様は、眠くなるほどゆったりとしていますが、たゆまなく滑らかで、やはり〝一〟の動きだといえるでしょう。全体が均一に、どこにも力みなく淀みない動きは、見た目にも美しく、しかも最も強い形です。その〝一〟を体得するために四股を踏むのだと思います。

まずは全身を一つにつなげるために腰を割り、腰を割った構えのまま、〝一つの動作〟で足を上げていきますが、足を上げるのは、動きの中でも〝一〟を崩さないためです。軸足の膝を伸ば

1

一で上げて、

2
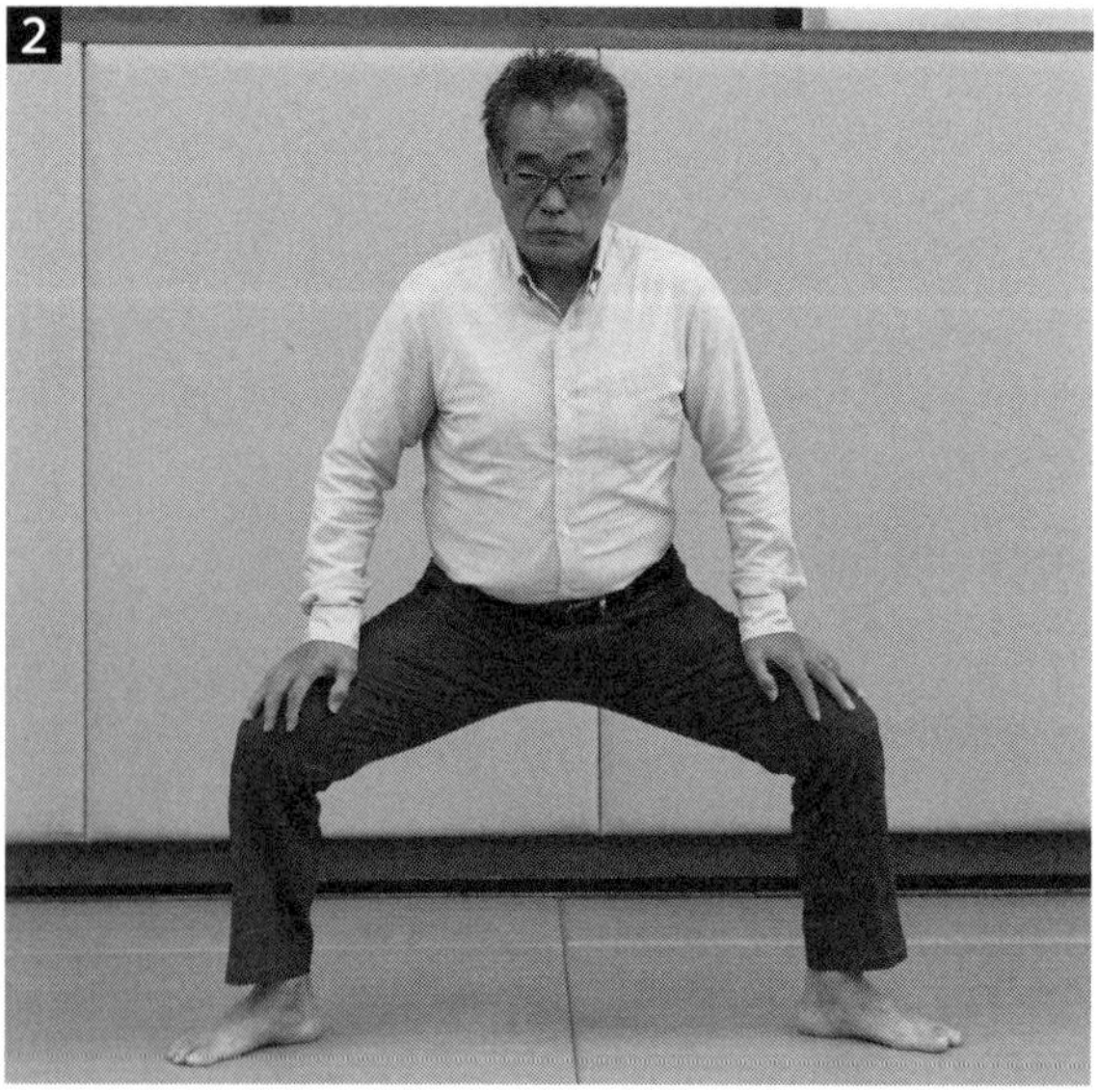

一で下ろす。

す以外は、最初に構えた腰割りの構えを崩さない、そうすることで全身を一つにする、〝一〟を身につけていけるのです。

足を下ろすときにも〝一〟です。軸足の膝と股関節をゆるめ、重力を利用して体を一つにして下ろします。つま先からカカトへ滑るように足が下りると、スネの骨にまっすぐ（垂直）に力が加わり、適度な振動が体全身に及びます。股関節が開き、スネの骨が真っすぐになることによって、足首や膝などの関節に全く負担がかかることなく、全身をゆすり、ゆるめてくれます。繰り返すことによって、表面の筋肉や深層の筋肉、さらには細胞一つ一つを均一にならしていきます。一部分の筋肉に負荷をかけ、筋繊維を破壊することにより筋肉を太く大きくしていく筋トレでは得られない気持ちよさと、芯の強さをもたらしてくれます。

10 限りなく〝一〟に近づける

〝一〟にもいろいろあります。2に近い1.8や1.9もあれば、1.5もあり、さらに1.2や1.1と〝一〟そのものに近い〝一〟もあります。40年余り四股を踏んできたいま、限りなく〝一〟に近づけるために四股を踏むのだと感じています。それが、心気体を一致させることなのでしょう。

余談ですが、40年余り踏み続け、ようやく気持ちよさを感じられるようになってきました。ただ、足を上げる時にまだ予備動作が起こり、下ろす時に体のどこかにブレーキがかかってしまいます。体を一つにする、〝一〟の世界はまだ遥か遠くのようです。四股探求の旅はこれからも続きます。

III 四股とテンセグリティ

1 〝テンセグリティ〟

私が〝テンセグリティ〟という言葉を初めて耳にしたのは、つい3、4年前のことです。あるとき若手物理学者の江本伸吾さんと同席する機会がありました。相撲マンガ『火ノ丸相撲』のファンであるという江本さんとは、相撲と物理、さらに寺田寅彦にまで話が及び、大いに盛り上がりました。私がどこにも力みのない双葉山の相撲について話したときに、「まるでテンセグリティですね」と江本さんが見せてくれたのが、その画像でした。これを見た私の頭に浮かんだのが、四股で足を上げた形であり、双葉山のどこにも力みのない姿でした。

以来、〝テンセグリティ〟についての理解を深めるほどに、「四股は、体をテンセグリティな状態にするために踏むのだ」「双葉山の強さ、そして美しさは、テンセグリティそのものだ」という思いを強めていきました。

木の棒をゴムでつなげた三角形は片手で持っても崩れないが、四角形は両手で持たないと崩れてしまう。

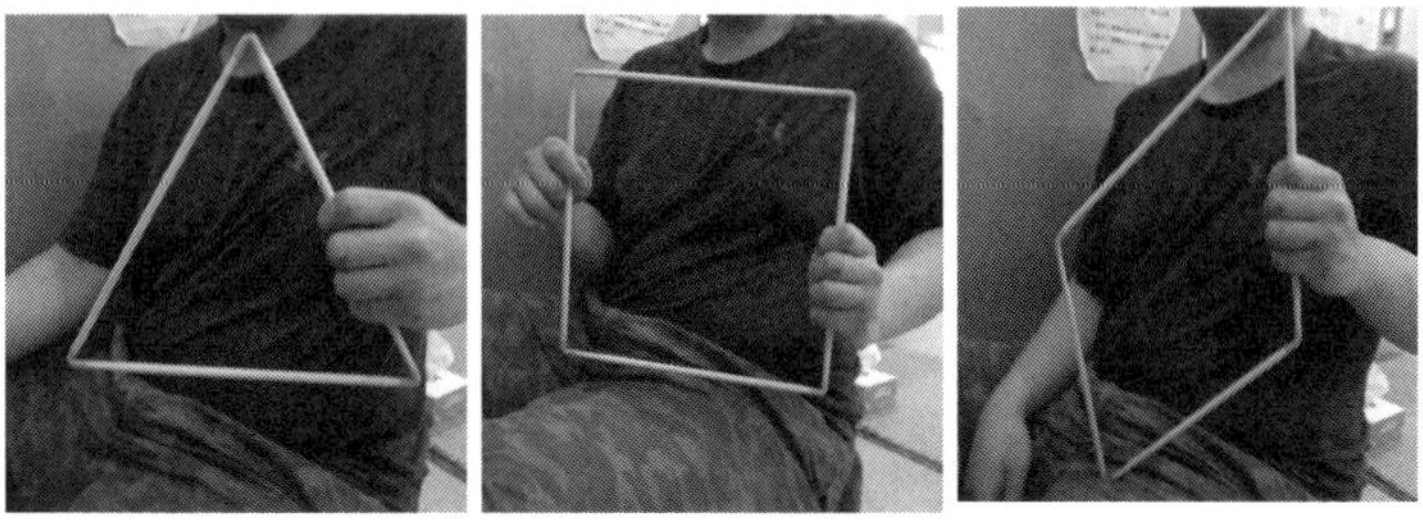

〝テンセグリティ〟とは、張力統合体（テンショナル・インテグリティ）を短縮した言葉で、木の棒やパイプのような圧縮材をワイヤやゴム紐等の張力材で均一にバランスよく組み合わせたものです。この言葉は、バックミンスター・フラー（１８９５～１９８３）というアメリカの科学者によって生み出されました。

2 バックミンスター・フラー

『フラーがぼくたちに話したこと』（１９９０年リチャード・Ｊ・ブレネマン著㈱めるくまーる刊）は、バックミンスター・フラーが３人の子供たち（10歳～12歳）に、宇宙の原理やフラーが考えていることについて語る感動的な内容の本です。フラーは、「この宇宙には、直線は存在しない、正方形（ま四角）なんてありえない」と棒やゴムチューブで形をつくり、幾何学

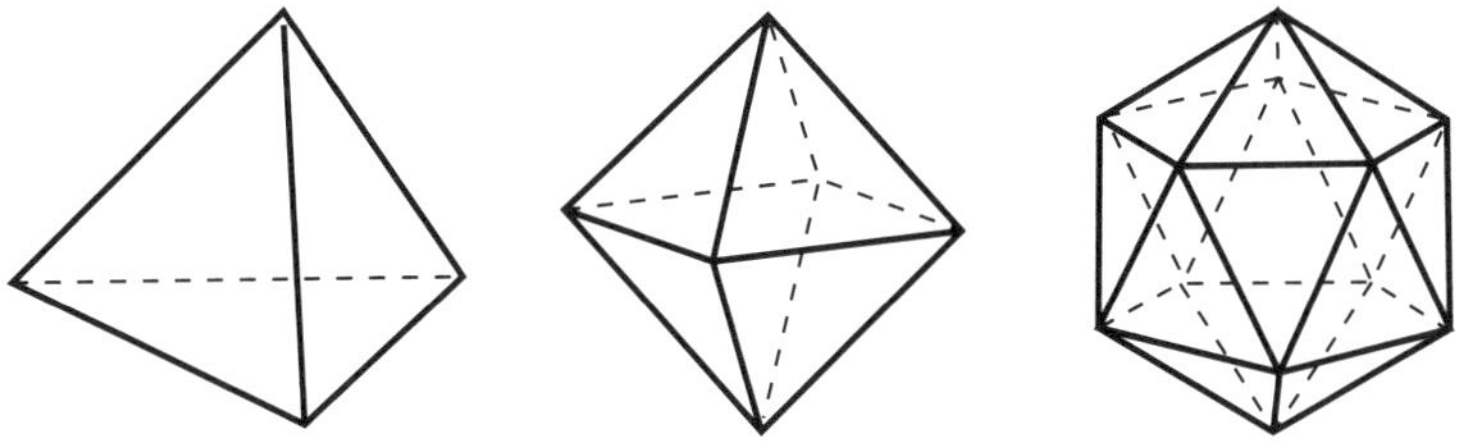

4面体（テトラヘドロン）　8面体（オクタヘドロン）　20面体（イコサヘドロン）

を説明しながら語りかけます。立方体も正方形と同じで、それ自体では存在できない、形を保てないといい、三角形だけが、唯一形を保てることを証明します。

そして、宇宙における最小の構造はテトラヘドロン（4面体）であり、オクタヘドロン（8面体）とイコサヘドロン（20面体）と併せて3つしか構造システムはないそうです。また、ハンマーで岩を叩き割ったときに出てくるかけらの角は4つより少ないことはなく、細胞内でRNA／DNA遺伝コードを入れるたんぱく質殻はイコサヘドロン構造だといいます。

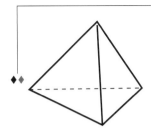

さらにフラーは、自然界はブロックの上にブロックを積み重ねてつくる圧縮構造ではできておらず、地球と太陽や原子の世界も、圧縮物と引っ張る力で成り立っていると説きます。

唯一形を保てる三角形を20面つなぎ合わせたイコサヘドロン（20面体）をもとにつくられた構造が〝ジオデシック構造〟で、それを基本に圧縮材とワイヤやゴム紐など張力材でつないだのが〝テンセグリティ構造〟です。普通の圧縮構造では、鋼鉄の柱の高さが直径の40倍になるとそのもの自体の重さでバナナのように曲がり始めるそうですが、テンセグリティ構造では、世界中を覆うドームさえもつくることができ、限界はないといいます。

3 人間の体もテンセグリティ構造

われわれ人間の体も、骨という圧縮材を筋肉や筋膜という張力材がつないでいるテンセグリティ構造に他なりません。骨は鉄骨や木の柱で、板やコンクリートの壁が筋肉にあたるように思われがちですが、鉄骨や柱だけでも構造として成り立つ建物に対し、人間の体は骨だけでは立てません。また、筋肉だけでも形を保てません。骨と筋肉がバランスをとり合い、立つ、歩く、踊る等、様々な動作を行っています。それゆえ人間は、建築物の構造と変わらないロボットには不可能な動きができるのです。

アメリカ生まれの〝ロルフィング〟というボディーワークがあります。本書でも何度かご登場いただいている能楽師の安田登さんはロルファー（ロルフィングの施術士）でもあるため、現役時代には随分お世話になりました。そのロルフィングは、人間の体がテンセグリティ構造であると考えたうえで、骨を圧縮材、筋肉や筋膜を張力材ととらえ、筋肉や筋膜をゆるめることによって、本来のバランスのとれた身体に戻そうという手技です。

4 テンセグリティをつくってみる

実際に短く切った6本のストローと6つの輪ゴムでテンセグリティ構造をつくってみたのが次ページの写真です。ストローが圧縮材で輪ゴムが張力材になります。慣れると簡単につくれるのですが、輪ゴムの伸びを均等にするのが殊の外難しく、一か所の輪ゴムの突っ張りが全体のバランスを崩し、こちらを直すと反対側がつっぱり、反対をゆるめると隣のバランスが崩れと、全体が相互に影響し合っているのが実感できます。

人間の身体もこれと同じで、膝の痛みは、膝だけに原因があるのではありません。腰や肩甲骨、足首、さらに全身の歪みやコリ等が、たまたま膝の痛みとして出ただけで、身体全体のバランスが一番の問題です。

このような観点で四股を考えていくと、四股が単なる筋力トレーニングではないことが理解できてきます。若いころは片足スクワットのつもりで、片足になるべく大きな負荷をかけることを

◆◆ストローと輪ゴムによるテンセグリティ

意識して四股を踏んでいましたが、これでは一か所だけの張力を強めることになり、テンセグリティ構造を自ら壊していたことになります。

5 四股で身体をテンセグリティにする

四股は、筋力トレーニングや筋持久力あるいはスタミナの向上には、負荷や強度が圧倒的に足りません。これは以前から不思議なことでした。スポーツ科学的にパフォーマンスを決定づける筋力や筋持久力、スタミナを高めるのにほとんど効果のない四股が、なぜ古くから大切だと言われつづけてきたのでしょうか。四股の大切さの要因の一つが〝テンセグリティ〟にあると私は考えています。

四股をくり返し踏むことで、それぞれの輪ゴムの引っ張る力がそろうように、筋肉や筋膜の張力がバランスよく整えられていきます。前ページ写真のテンセグリティは、わずか6本のストローと6つの輪ゴムでつくられていますが、それでもバランスを整えるのが難しいのですから、ましてや200余りの骨と600近くの筋肉で成り立っている人間の体のテンセグリティ構造を整えるのがどれだけ困難かは想像に難くないでしょう。脳の働きで、その作業を行うことは不可能です。

全国に多数存在する五重塔の代表格である法隆寺のそれは、1000年を超える歴史において、地震で倒壊したことが一度もないそうです。30mを超す高層建築ですが、心柱と呼ばれる柱が上下に一本貫いているだけで、各階は独立してずれ合うような構造になっています。その心柱も、礎石の穴にはまっているだけで、穴の中をゆるゆると滑り各階がずれ合うことでバランスを保っているのです。いわゆる免震構造になっているわけですが、そのメカニズムはコンピュータの分析でも詳細は解明できていないようで、匠の技と人間の感覚の高さに驚かされるばかりです。

6 型をひたすら繰り返す

同じように、四股にもスーパーコンピューターでさえ解明できない奥深い叡智が潜んでいて、太腿の筋肉を鍛えるとか股関節の柔軟性を高めるとかいう人智の及ぶ効果を求めるよりも、その奥深い境地にたどり着けるよう、ひたすら同じ動作を無心に繰り返すことが大切なのだろうと思います。

小林秀雄が、数学者岡潔と対談した『人間の建設』の中で、素読教育の必要性を説いています。『論語』を暗記するのは意味がない、意味がわからなければ無意味だという意見に対し、『論語』の意味とは何でしょうと、逆に問いかけます。人により年齢により、さまざまで、一生かかってもわからない意味さえ含んでいるのかもしれないから、意味を教えることの方がむしろ曖昧な教育で、丸暗記させる教育だけが、はっきりした教育だと指摘します。

前述の安田氏によると、能の稽古も同じで、師匠の元に入門して型を学びますが、その型についての質問は一切許されないそうです。型の意味を求めず、ひたすら与えられた型を繰り返す。そうすることによって、舞台の上で何百年前から繰り返されてきた型の意味が身体からにじみ出てくる。型に何百年も前から閉じ込められたものが舞台上で解凍され、観客に感動を与えることができるのだといいます。

7 テンセグリティが宇宙の本質

四股も、同じように、意味を問わず、効果を求めず、ひたすら踏み続ける。すると、自分の身体の中から、大地から、宇宙から、様々なメッセージが届くはずです。

そのメッセージを受け取るにはリラックスすることです。後章で紹介する達人、佐川幸義氏の「力まないことが大切。力まないでやっていると、色々なことがわかって上達する」という言葉が思い出されます。佐川氏は、力まずにリラックスして、身体からのメッセージを正しく受け取るために、足を高く上げず、深くしゃがみ込まない四股に改良したのでしょう。

太陽と地球や、恒星の集まりである銀河の渦等、マクロな宇宙を成り立たせているのは、お互いの引力という張力です。一方、ミクロな世界に目を転じても電磁気力という張力が原子や分子の構造をつくっています。マクロでもミクロでも、ブロックを積み上げていくような構造やつながりは存在しません。〝テンセグリティ〟こそが、この宇宙をつくり、つなげている本質的な構造です。したがって、一つひとつの筋肉や関節を、それぞれ鍛えて力を出すのではなく、全体のバランスを均《なら》すことによって発揮できる力が本質的な力といえるでしょう。

どこにも力みのない双葉山の立ち姿。（日本相撲協会提供）

バックミンスター・フラーは、「自然は、最小の力で最大の力を発揮できるように、もっとも経済的で効率のいいように、ことを進める」と語っています。それが最小の材料で、最大の建築物を可能にする〝テンセグリティ〟です。四股やテッポウは、人間の身体を〝テンセグリティ〟な構造にするための、効率的な鍛錬法といえます。そして、どこにも力みのない双葉山の美しさと力強さこそが、宇宙の本質である〝テンセグリティ〟を体現した姿といえましょう。

Ⅳ 相撲のセンスと四股について

1 相撲のセンス

相撲に限らずあらゆる身体活動において〝センス〟という言葉がよく使われます。「あの人はセンスがいい」「よく努力しているけどセンスがいまひとつ足りない」「練習嫌いだけどセンスは抜群だ」……

〝センス〟とは、具体的にどういうことを指すのでしょうか。ネットで検索してみると、「身体を思った通りに動かす能力」「勘の鋭さ」「リズム感やバランス感覚」「相手や物との距離感等、空間認識能力が高い」「動きがしなやか」「無駄な動きがない」等の言葉が並びます。

〝相撲のセンス〟も同様に、「相手が体勢を崩したときに、すぐ攻められる勝負勘の良さ」「動きがしなやかでリズム感がある」「立合い変化されても柔軟に対応できる」等の、力ずくで攻める力士よりも、うまさの目立つ力士に対して使われることが多いようです。現役力士でいうと、横綱白鵬は別格として、御嶽海《みたけうみ》や安美錦《あみにしき》は、センス溢れる力士といえるでしょう。

そう考えていくと、〝センスの良さ〟は〝運動神経の良さ〟と同義と言えそうです。ただ、〝運動神経の良さ〟が優れた瞬発力や反射神経を表すのに対し、〝センスの良さ〟には柔らかみのある動きや身体の使い方が含まれるのではないでしょうか。

2 プロ野球やJリーグと大相撲の違い

野球やサッカー、バスケットボール等の球技は、運動神経の競い合いです。幼少のころから運動神経に優れスポーツ万能で、各地方大会で選抜された選手が全国大会で競い合い、その中で選ばれた僅かな人間のみがプロとしての狭き門をくぐることができます。まさに、エリート中のエリートだけがプロ野球選手となり、Jリーガー、Bリーガーとしてのスタート地点に立つことができるわけです。

一方、大相撲の入門規定には、「義務教育を終えた男子で身長167センチ、体重67キロ以上（3月場所に限り中学卒業見込み者は165センチ、65キロ以上）」という基準があるのみで（他に内臓検査がありますが）、既定の身長と体重を満たしてさえいれば誰でもプロになることができます。それ故、相撲を取るのもマワシを締めるのも初めてという入門者が珍しくありません。野球やサッカーでは考えられないことです。

そういう中にあって、学生相撲出身力士は、野球やサッカー同様、小さい頃から全国大会で活躍し、高校、大学と狭き門をくぐってきた相撲のエリートです。現役力士では、前述の御嶽海をはじめ令和元年5月場所で平幕優勝を果たした朝乃山、北勝富士《ほくとふじ》、遠藤、正代《しょうだい》など、幕内40人中16人もの一大勢力を占めています。

3 単なるデブでも関取になる可能性がある！

武道家で思想家の内田樹氏との対談で、「運動経験のない〝単なるデブ〟が関取になることもある」ことを紹介すると、内田氏はこれに殊の外感動されたようで、その後、深い話を展開してくださいました。

内田氏は、単なるデブでも何とかなる、ひょっとしたらスーパースターになる可能性もゼロではない、ということが大相撲を何百年も続けさせてきた制度設計そのものだといいます。運動神経に優れた人間しかトップになれないシステムでは、優れた人間が10年、20年と入ってこないと、その競技団体あるいはその文化は見向きもされなくなってしまう。未来永劫継続させていくためには、標準的な能力があったら誰でもできる、誰でも突然爆発的な能力が発揮でき、スーパースターになれるというシステムにしておかないと、何百年、何千年とはつづいていかないのだというのです。この印象的な話を聞いて、そのシステムの根幹となるのが〝四股・テッポウ〟なのだと得心しました。

4 〝化ける〟ことは〝OSを変える〟こと

大相撲の世界には〝化ける〟という言葉があります。〝ある日突然〟ともいえるほど、ある時期を境に急激に強くなる力士に対して使います。これは、筋力や瞬発力がアップしたとか、単に体が大きくなったという運動能力や体格の向上だけでは説明がつかない現象です。

前述の内田氏はこれを、「身体の使い方のOSを変える、バージョンアップさせる」という表現で説明します。〝化ける〟とは、身体の使い方そのものが変化したということです。〝OS(オペレーティング・システム)〟とは、ウインドウズやマック等、パソコンを動かす基本となるソ

四股を徹底的に踏むことでOSが変わる。

フトウェアのことですが、筋力等の数値そのものには変化がなくても、身体の使い方のOSがバージョンアップしたことで、今まで受け切れなかった相手の当たりを軽く受け止め、今まで押せなかった相手を前にもっていけるようになったということなのです。

では、どうすればOSをバージョンアップさせ、さらに変化させることができるのでしょうか。

5 OSを変えるために四股を踏む

すでに述べているように、筋力や筋持久力の向上というスポーツ科学的なとらえ方をすると、四股は物足りないことだらけです。四股を繰り返し踏み続けても筋力的な向上は僅かなものです。筋力アップ等の数値に表われることよりも、「気を通して心と体をつなげ、心気体を一致させる」「身体を一つにする」「動きに支点をつくらない」「居着かない」「腰をつくる」「身体をテンセグリティにする」など、数値で表せない、目には見えにくいことが四股の本質的な目的です。

目に見えず数値で表せないことだけに、意識しづらく、本質にたどり着くのは至難の業ですが、四股を繰り返し踏むことで、ある日突然、身体の深奥から四股の本質につながってくるのだと思います。こうして四股の本質にたどり着くことができたときが、身体のOSを変化させる、すなわち〝化ける〟ことができた瞬間なのです。

6 黒田鉄山氏の型の理論

振武舘第15代宗家黒田鉄山氏は、家伝の古流武術五流儀を学び伝承する高名な武術家です。その動きは〝神速〟といわれ、現代に生きる達人として今なお進化をつづける黒田氏は、日常的な動きから離れた動きや身体の働きが武術的身体であり、その武術的身体を獲得するために〝型〟があると指摘します。〝型〟の要求通りに身体を動かすことで動きの質が変化するというのです。これこそが〝OSを変える〟ことなのでしょう。黒田氏は、もともと運動神経に恵まれず身体も

黒田鉄山振武舘第15代宗家（書籍『鉄山に訊け』黒田鉄山著　BABジャパン刊）より

固い方だったそうですが、〝型〟を繰り返すことによって、神速といわれる見えない動き、消える動きを獲得したといいます。

「型は実戦のひな形ではない」とする黒田氏は、実戦における千変万化、不測の事態に対応し克服するために型があると説きます。型を身につけることによって、床を蹴らない、足を使わない「無足の法」、天から吊り下げられるような「浮身」、あらゆる方向に等速度で動く「等速度理論」、手足を動かさない「順体」等の非日常的な武術的な動きが可能になるのです。

四股を繰り返すことによって得られるのは、まさにその非日常的な動きなのでしょう。

7 学生相撲出身力士から横綱が誕生しないのは？

足をただ上げ下ろしするだけの四股のシンプルな動きは、激しくぶつかり合い千変万化な攻防が繰り広げられる〝実戦〟の動きとはあまりにも違います。踏んでいても、強くなっていく実感がまったくありませんから、激しい取組でも怪我をしないよう体をほぐすための単なる準備運動と捉えられがちです。

それゆえ、目に見える効果を求めて筋力トレーニングに励み、申し合いと呼ばれる実戦稽古を、以前より番数は減ってはいるものの、それなりにこなします。そうすると相撲ももはや、野球やサッカーと同じく運動神経やセンスの競い合いでしかなくなります。運動神経や相撲センスに恵まれた力士は、そこそこの稽古で関取として活躍しますが、日本中を熱狂させるようなスーパースターは生まれにくくなってしまいます。相撲エリートである、素質に恵まれた学生相撲出身力士から横綱が誕生しない（過去には輪島のみ）のは、このような要因があるような気がしてなりません。また、長らく日本人横綱が誕生しなかったのも同じ理由によるのではないでしょうか。

8 非日常的な動きを身につけるための四股

黒田氏の「無足の法」は、足を使わず、蹴らず、倒れることを主体とせよ、とされ、それは、運動神経の良し悪しだけでは解決できないものといいます。「浮身」は左膝を折り敷き（蹉座《きざ》）、右膝を立てた（夷居《いきょ》）座構えから、左膝は付けたまま腰を浮かす動作で、重心をぶらさず床を蹴らず身体を浮上させるもので、吊り下げられる意識で行います。

「等速度理論」は、一拍子で動くことを目指します。「順体」は、手足を動かさずに、反動をつけずに動くことです。

これらはすべて、四股の目指す本質と相通ずることです。「日常的な動きから離れた動きや身体の働きを身につけなければ、実戦では使えない」と説く黒田氏によれば、力を入れると日常的な動きになってしまうから、力を抜いて静かに行えば、非日常の動きを身につけられるといいます。四股にもそのまま当てはまることです。

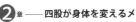

9 四股は運動神経やセンスを超越するために踏む

このような視点で考えていくと、四股とは、筋肉を鍛えるとか股関節を柔らかくするとかバランス能力を高めるという表面的なものに働きかけるのではなく、人間の心身の深奥に働きかけ、身体を動かすOSを変えるため、非日常的な動きを身につけるために踏むものだということが身に沁みて感じられてきます。

およそ1500年前から行われ、神事や力競べ、節会《せちえ》相撲、武士の鍛錬法、勧進相撲、大衆芸能、江戸文化……、様々な形式をとりつつ、格闘技やスポーツとしての要素も取り入れ、伝統を守り継承してきた大相撲が、これからも長く受け継がれていくには、個人の運動神経やセンスという身体能力のみに頼ることなく、誰でもが突然爆発的な能力を発揮できるためのシステムである、四股・テッポウを地道に繰り返すことが必須です。

運動神経や相撲のセンスを超えたところに四股の本質があり、〝化ける〟ことにつながります。わが高砂部屋の朝乃山は、令和元年5月場所で初優勝を飾り、〝化ける〟兆しを見せてくれました。これまで以上に四股・テッポウに真摯に取り組み、本格的に〝化ける〟ことを期待してやみません。

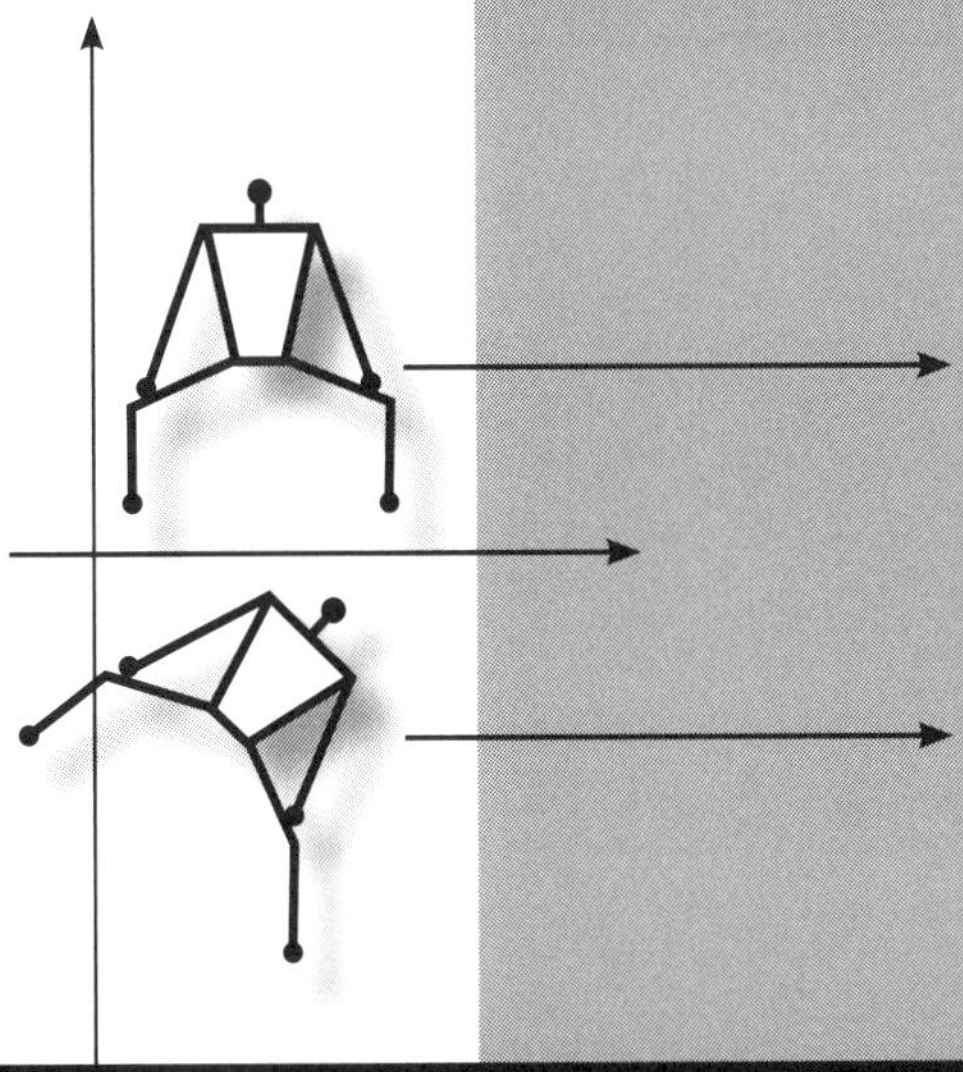

第3章

実践！四股鍛錬

I　支点をつくらない四股

1　膝のケガ

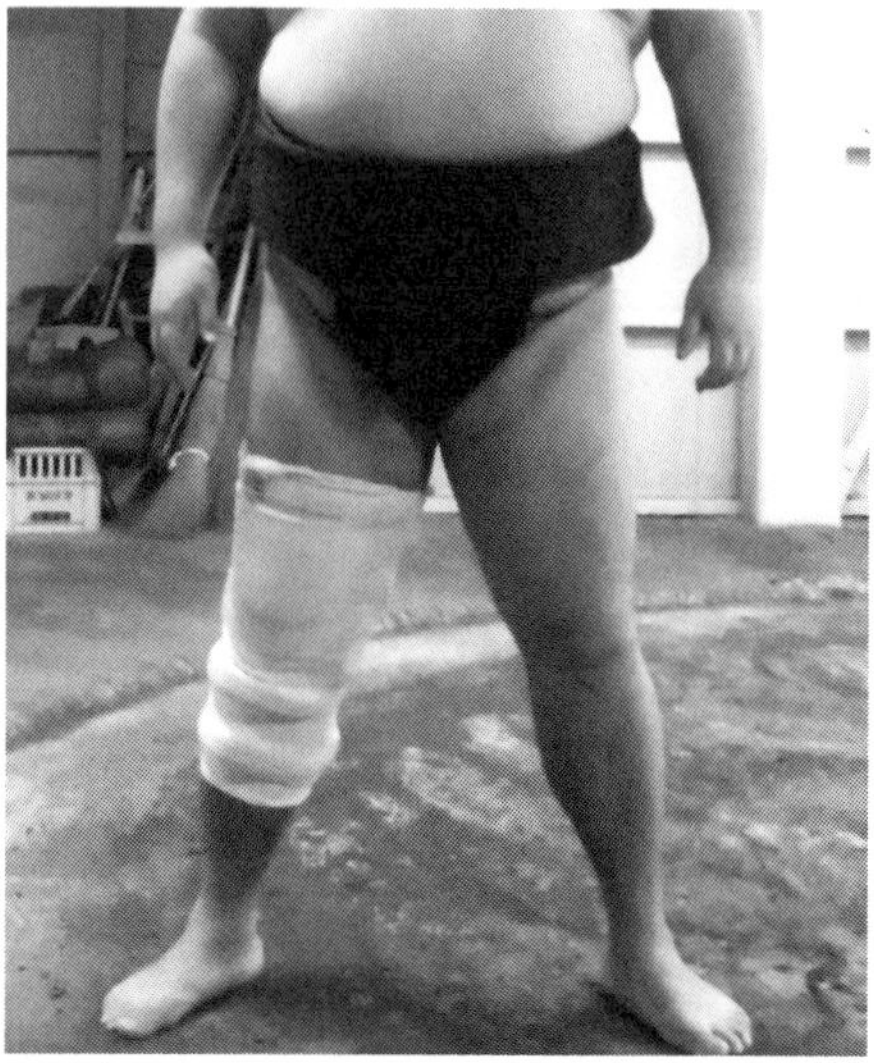

多くの力士が膝のケガを抱える。

力士にケガはつきものです。首、肩、肘、腰、膝、足首、手首、股関節と、全身のあらゆる関節を痛め、ケガと闘いながら、また上手に付き合いながら土俵に上がっています。とくに膝はケガの多い個所で、靭帯の断裂や損傷、半月板損傷等に多くの力士が悩まされています。

高砂部屋にも膝のケガで休場を余儀なくされている力士がいます。一人は内側側副靭帯断裂のため、もう一人は半月板損傷のため手術を行ない、復帰に向けリハビリに励んでいます。二人に共通するのは、入門前から膝のケガを繰り返していることです。ともにアンコ型（太った体型）で、やや膝が内側に向いている傾向にあります。本書でも何度か指摘しているように、ケガは、関節におかしな角度から大きな力がかかったときに起こります。膝が内側に入ってしまい、そこへ相手の大きな体重がのしかかると、自分の体重も加わり大きな圧力となり、関節を支えている靭帯が耐えきれなくなり損傷してしまいます。

2　膝をケガする力士の特徴

ケガを繰り返す力士の四股をじっくり観察してみると、ある事柄に気付きました。四股は足を交互に上げ下ろししますが、悪い方の足が軸足になるとき、膝を支点にして体を持ち上げようとしてしまうことです。

膝はもともと構造的に不安定な関節です。丸い形の太腿の骨（大腿骨）の先端が、半月板や関節液をクッションにして、平らな形のスネの骨（頸骨）の先端とつながっています。それを内側副靭帯、外側側副靭帯、前十字靭帯などがつなぎ、全体を関節包が包み安定を保っています。

基本的には前後に動く蝶番《ちょうつがい》関節で、構造上、膝を支点にしてスネが回転できるようにもなっ

膝関節の構造（右足内側）

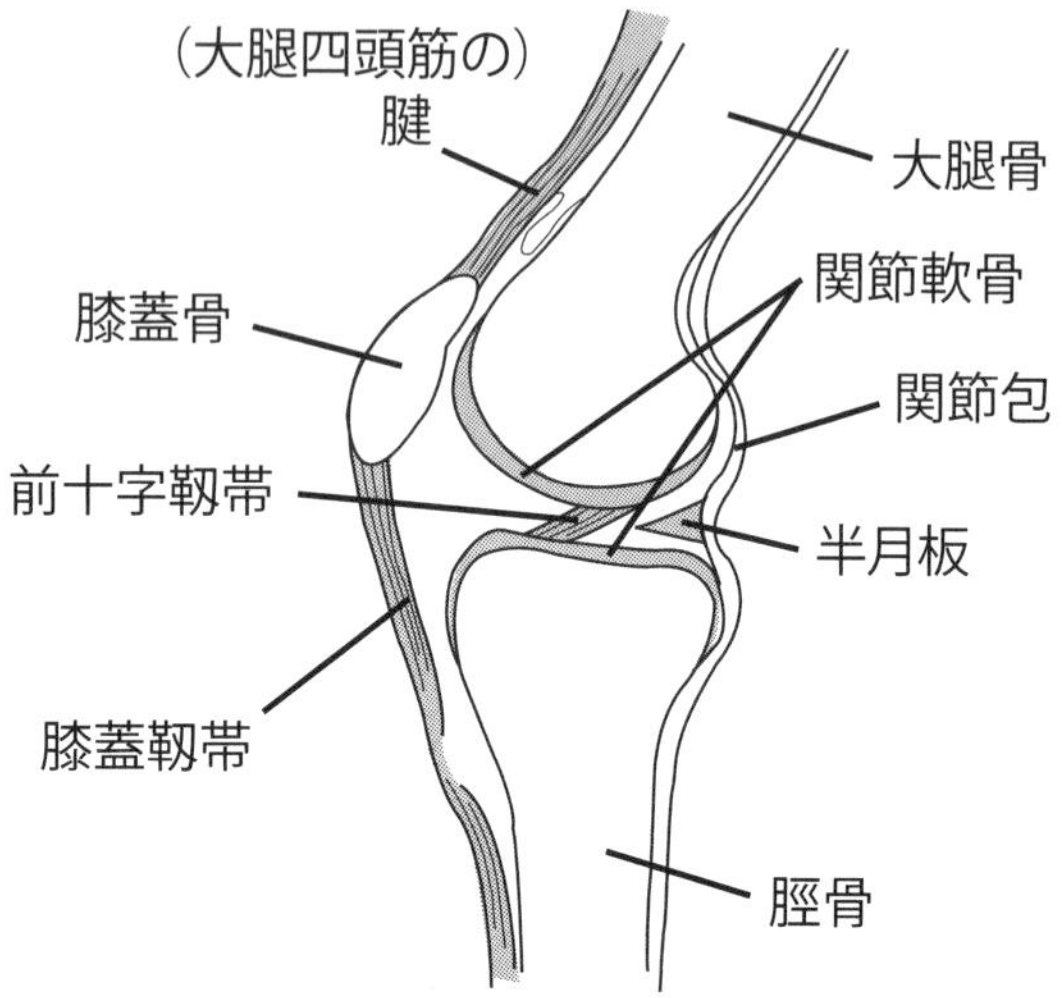

ています。大きな関節なのですが、構造的には不安定で、そもそも大きな体重を支えるようにはできていません。

それでは、膝関節の本来の役割は何かというと、力の伝達です。足裏で土俵から受けた力を、膝を通して股関節から上体へと伝えて全身をうまく連動させるためにあります。また逆に、上体で受けた力を土俵に逃がしてやる、という役割もあるでしょう。力を効率よく伝えるために、頸骨と大腿骨のつながる角度を最適に保ち、その微妙な角度を保てるように不安定な構造のまま靱帯でつなぎ止めているのです。

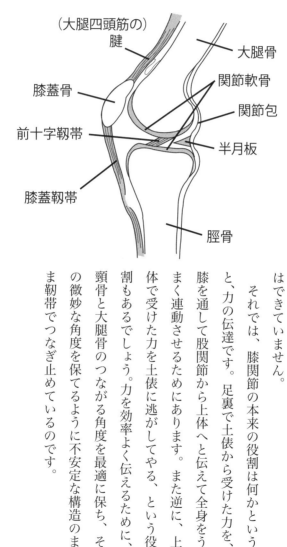

3 歩くだけで体重の3倍の負担がかかる

膝には、歩行で体重の約3倍、階段の昇降時には約5倍の負担がかかるそうです。そうすると、体重180キロの力士は歩くだけで540キロ、階段を昇り降りすると900キロもの重さが膝にかかることになります。歩くたびに膝の悲鳴が聞こえてきそうな数字ですが、歩き方によっては負担の最大値がこれほど大きくなるのでしょう。逆に、膝の動かし方や使い方によっては、膝にそれほど大きな負担をかけずに歩くことも階段の昇降もできるはずです。

第1章で紹介した腰割りとスクワットの膝への負担の違いを思い出していただきたいと思います。どちらも同じように腰を落とし、膝を曲げていく動作ですが、膝への負担が大きいスクワットに対し、腰割りでは負担はほとんどありません。使い方によって負担が異なることの実例といえるでしょう。

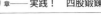

4 膝を支点にして足を上げる四股

さて、四股の話に戻ります。四股で右足を上げる時には、左足に重心移動し、左足を軸にして足を上げるというより全身を持ち上げます。そのとき、膝を支点にして足を上げようとすると、膝に全体重がかかります。膝が支点になると、大きな体重が移動する（動く）勢いもありますから、瞬間的には、膝に体重の何倍もの負担がかかることになると思います。

膝に支点をつくらないで四股を踏んでいるときには、膝への負担をほとんど感じることがありません。ただ単に力を伝えている感覚しかありません。

膝を支点にして足を上げる四股と、膝は力を伝達するだけの四股。一見するだけでは、その違いはほとんどわからないと思いますが、外から見て変わりはなくても、膝の関節内では、おそらく大きな違いが起きているはずです。

膝を支点にして足を上げた場合、体重移動で動いてきた全身の重さ（180kg）が、重さ（m）×速度（v）の運動量となって膝関節にかかってきます。膝を支点にするということは、その運動量をすべて膝関節で受けて足（全身）を上げるという運動に変換することです。膝の悲鳴が

膝を支点にしないで足を上げる四股

写真1の状態から、体重移動と膝の伸展を同時に行う。

膝を支点にして足を上げる四股

写真1の状態で左膝に体重移動した後、膝の伸展を行う。

聞こえてくるようです。

5 膝に支点をつくらない四股

ではどうすれば膝に負担をかけずに足を上げることができるのでしょうか。膝を支点にせずに足を上げることができれば、膝に負担をかけずに済みます。

武術の世界では、動きに支点をつくらないことが必須とされています。武術研究家の甲野善紀氏は、『身体から革命を起こす』（田中聡氏との共著、新潮社）のなかで、「歩いたり、走ったりするときに、足で床を蹴ることは、そこを支点として動くことであり、身体はねじれる。同じように身体のどこかを支点として動くことは、その支点を筋肉が蹴っていることである。おおざっぱにいえば、腕が肩を蹴って伸びたり、上体が腰を蹴って前に出たりする。そのような支点のことを、武術では〝居つき〟といい、蹴りの反動のある動きを〝居ついた動き〟という」とし、「支点をなくすということは、身体を局所的に使うのではなく、つねに全体を同時に使うということである。全体が同時に動いていないということは、止まっているところ、すなわち支点があるということだからである。支点は、動かず、耐えるところである。人それぞれの動きの癖で、支点となりやすい場所がある」と述べています。

続けて「支点となる局所は、とくによく使われるので、疲労しやすく、故障しやすくなります。たとえば、針金の一部分だけを強く曲げることを繰り返している状態と思えば、わかりやすいでしょう。全体が湾曲するのと、一部だけが強く曲げられるのとでは、くりかえされたときの疲労はまったく違います」と身体のどこかを支点とする動きがケガにつながることをわかりやすく説明しています。

6 同時に使う

膝を支点にして足を上げる四股は、針金の一部分だけを曲げ伸ばししつづけることと同じです。疲労しやすく、さらに故障しやすくなります。

では、膝を支点にしないためにはどうすればいいのでしょう。甲野氏の言葉を借りれば、「同時に使う」ことです。右足を上げるときには、左足に重心移動しながら左膝を伸ばしますが、このとき重心移動と左足を伸ばす動作を同時に行うことです。

一方、膝を支点にして足を上げる四股は、左足に重心移動して完全に体重を乗せてから膝を伸ばしています。〝一で重心移動、二で膝を伸ばす〟と、完全に動作が二つになっています。これがすなわち〝居ついた動き〟です。

重心移動してから膝を伸ばすと、全体重が支点である膝にかかりますが、重心移動しながら膝を伸ばすと、二つの動作を同時に行うので、膝は支点ではなくなります。力が分散されて、脚全体で力を受けることになりますから、膝には負担がほとんどかかりません。

7 股関節も同様

股関節でも同様のことが言えます。上げる足を軸足側に引いて、軸足の膝を伸ばしきってから足を上げると、股関節が支点となり、動作が二段階になってしまいます。また最近は、足を上げた状態から膝裏に手を当て足をさらに引っぱり上げる四股も時折みられます。これでは、支点を二つも三つもつくり、動作をさらに三段階、四段階と増やしていくことになり、〝居つき〟を何重にも重ねていくようなものです。針金を局所的に曲げる場所を二つ、三つとつくり、自らケガをしやすい身体にしていることになります。

第2章で書いたように、筋トレは、一部分の筋肉に集中的に負荷をかけることで筋肉を太く強くしていきます。いわば局所的に身体を使うことを徹底的に行うトレーニングで、武術的な〝居つきのない動き〟とは正反対の体の使い方をします。四股で、膝に体重をかけ、膝を支点にして足を上げることも、局所的な体の使い方、つまり筋トレ的な四股の踏み方といえるでしょう。

8 足裏も支点にしない

四股は、どこにも負担のかからない腰割りの構えから〝軸脚に重心を移動する〟、〝膝を伸ばす〟、〝足を上げる〟という三つの動作を同時に行うことによって、体のどこにも支点ができない、居つかない体の動きを身体に覚えさせるために、すなわち支点をつくらない動きを身につけるために、繰り返し踏むのでしょう。

一般の方の健康増進を目的としたシコトレ教室等では、「できれば上げた足を静止してから下ろして下さい」と、指導することもあったのですが、〝支点をつくらない四股〟という観点からすれば間違いかもしれません（健康法としては間違いではありません）。なぜなら足を上げた状態で止まるのも、足裏を支点にすることになるからです。

そういう思いで、明治時代の映像や双葉山の四股の映像を見直すと、やはり足を上げた状態で静止することはありません。足が一番高く上がった時点で、すでに軸足の膝は力を抜きかけていて、足を下ろす動作が始まっています。軸足の足裏にも支点はなく、すべての動作が流れるようにつづいていきます。足を下ろしきったときには、腰も同時に下りきって、はじめて動作が止まります。

前章に、〝一で上げて、一で下ろす〟と書きましたが、それも二段階になるので、上げてから下ろすまでが全体で〝一〟にならなければいけないのかもしれません。さらに探求を深めていく必要があります。

9 膝を意識せずに伸ばすには？

先述の通り、膝を痛めないためには、膝の伸展と体重移動を同時に行うことが大切になります。2つの動きを同時に行うと、膝が動きの支点にならずに負担がかかりません。ただ、同時に行うという動作は慣れるまでは難しく、膝を意識し過ぎてしまうことも多々あるようです。意識がいき過ぎると、逆に膝が支点になりやすくなってしまいます。それでは、意識せずに膝を伸ばすにはどうすれば良いでしょうか？

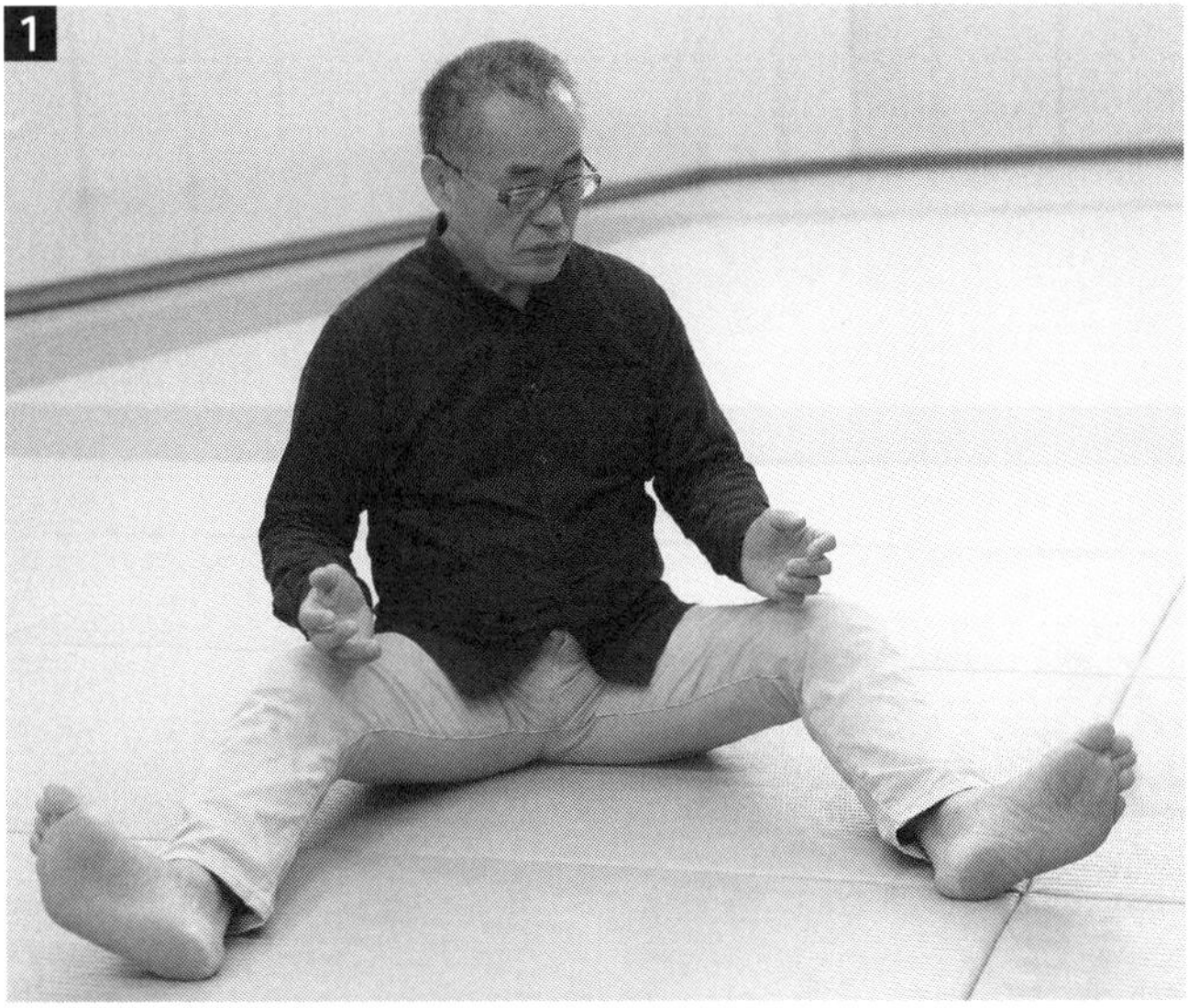

1 床に脚を投げ出し、腰割りの姿勢を取る。

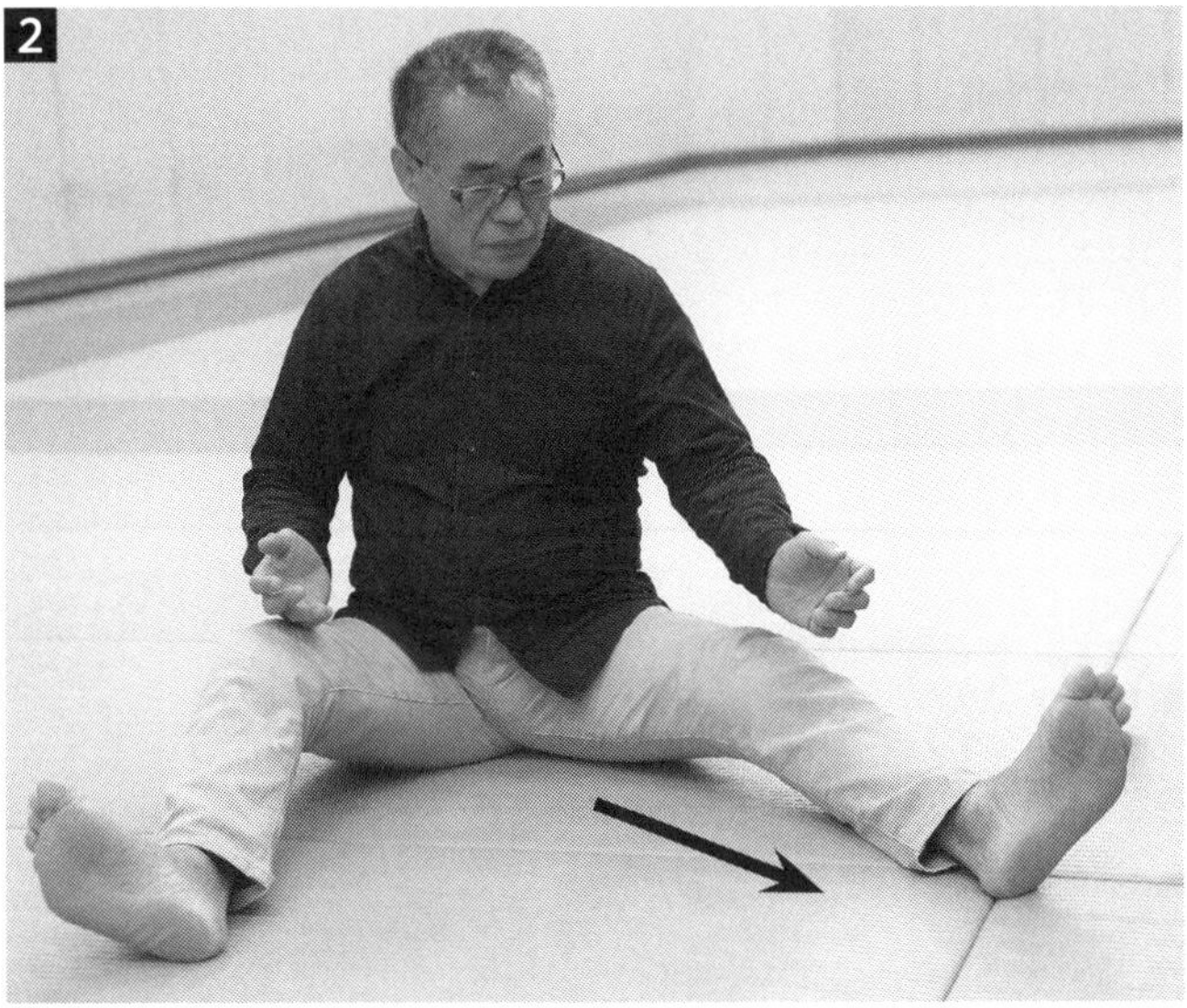

2 股関節を意識して伸ばすと、自然に膝が伸びる。
（写真は左股関節）

試行錯誤の末、股関節に意識をもっていけばよいのではないかとの考えに至り、シコトレ教室等で生徒さんたちに実際に行ってもらいました。

股関節を意識しやすいように、床に脚を投げ出し、股関節を動かします。お尻を床に着け、膝を軽く曲げた状態から股関節を何度か伸ばしてもらいます。股関節を伸ばすと、自然に膝が伸びます。股関節と膝が連動するのを確認してもらいました。

10 股関節を動かす

何度か繰り返すと、股関節が意識しやすくなってきます。そこで立ち上がって浅い腰割りの構えをとり、股関節を動かすように四股を踏んでもらいます。そうすることで、意識が膝ではなく股関節に向くようになり、膝の動きも自然になります。つまり重心移動と膝の伸展の動作が同時に行いやすくなるわけです。もちろん個人差はありますが、多少なりとも股関節が意識しやすくなるのは間違いないようです。

シコトレに長く取り組んでいる方からは、「脚を上げたときに腰が割れる感覚があった」「上げた脚が脱力できる」「重力にまかせて脚が下りる心地よさを感じられた」との感想をいただきました。

股関節周りには多くのインナーマッスルと呼ばれる深層筋がありますが、股関節を意識するということは、そのインナーマッスルに働きかけるということです。「腰が割れる」「脱力できる」「重力を感じる」という感覚は、インナーマッスルが使えているからこそ得られたのでしょう。

11 四股は究極の股関節トレーニング

股関節は、もともと意識しづらい関節です。人体の中で最も大きな関節であるにもかかわらず、体の奥にあり、下半身と上半身をつないでいることから、立った姿勢では常に上体の重さがかかり、よけいに意識しづらくなっているのです。

股関節に関する研究が進められたのは、ここ20～30年のことです。股関節研究の第一人者として知られる筑波大学の白木仁教授は、肩のインナーマッスルトレーニングが広まりだした頃、同じ構造をしている股関節のトレーニング方法はないものかと模索していたといいます。当時、ドイツのフランクフルトのサッカー選手をリハビリする研究所で行われていたのが、寝た姿勢で足を上げ下げするトレーニングだったそうです。ドイツでは寝た姿勢での運動の後に、ジャンプ

股関節の構造

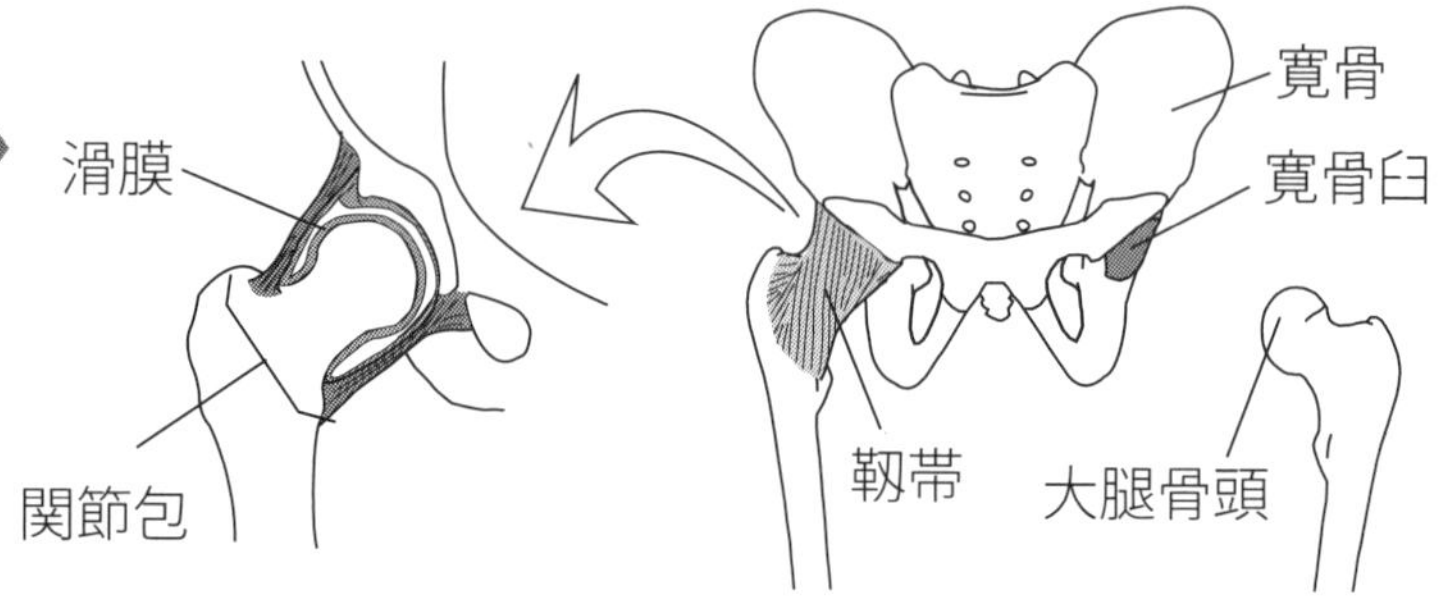

やランニング、サイドランジ等の運動が行われており、その間を埋めるものがないことに疑問を感じた白木先生が着目したのが、腰割りや四股、すり足等の相撲の基礎トレーニングでした。そこから、野球やゴルフなど様々なプロスポーツ選手のトレーニングに腰割りを取り入れ指導されています。

12 腰を割るのは、股関節を開くこと

さて、股関節の筋肉や動きに注目して四股を探求してみましょう。股関節は、大腿骨の骨頭が骨盤の丸い穴にはまった球状（ボール&ソケット）関節です。すりこぎを回すようにあらゆる方向に動けるのが大きな特徴です。

股関節の動かし方には、太腿を前後に大きく動かす〝屈曲と伸展〟、太腿を外に開く〝外転〟と内側に閉じる〝内転〟、太腿を外側に回旋させる〝外旋〟と内側に回旋させる〝内旋〟があ

股関節の動き

股関節の動かし方には、
(!)太腿を前後に大きく動かす“屈曲と伸展”
(2)太腿を外側に開く“外転”と内側に閉じる“内転”
(3)太腿を外側に回旋させる“外旋”と内側に旋回させる“内旋”
がある。
四股の基本形である“腰割り”では股関節を“外旋”させる。

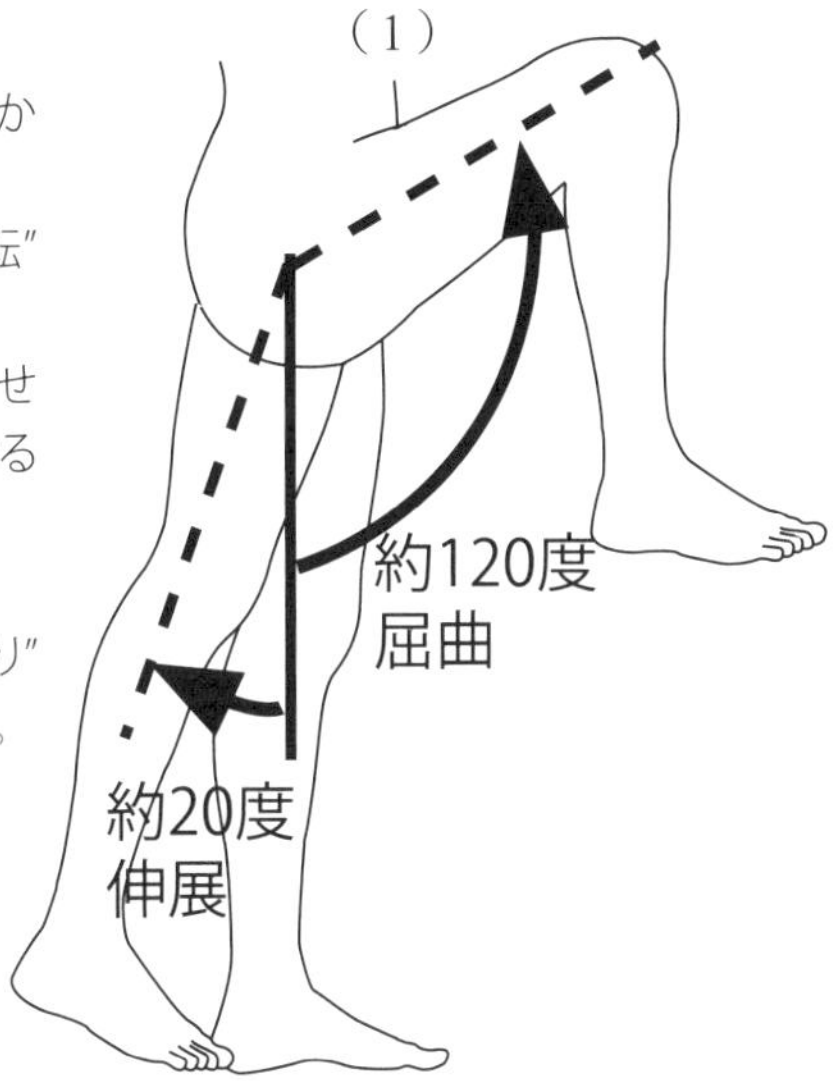

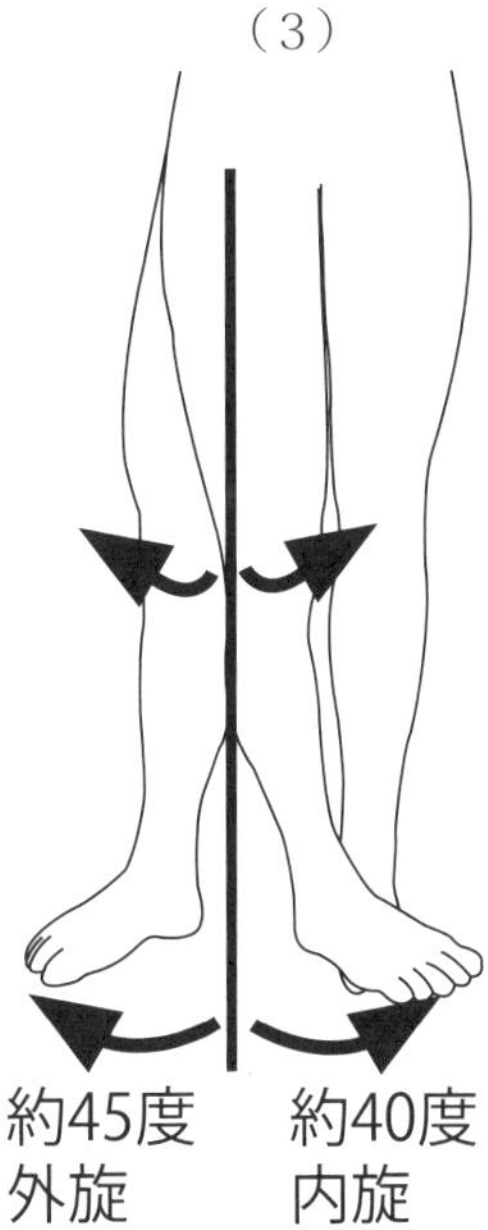

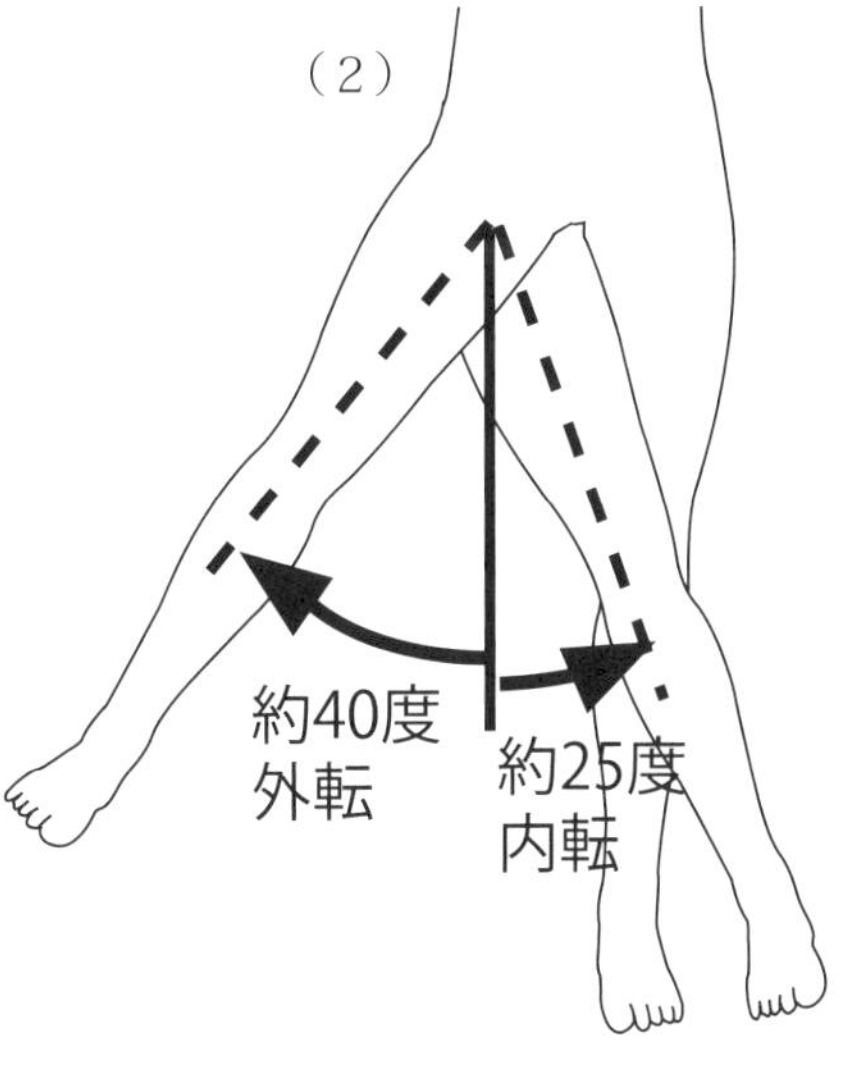

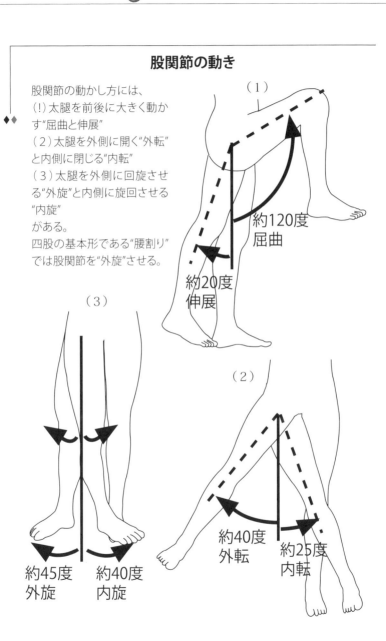

ります。

四股の基本形である〝腰割り〟では、股関節を外旋します。〝腰を割る〟という動作は、股関節を開くことで、股関節の外旋に他なりません。外旋は、本書の第1章冒頭に触れた〝深層外旋六筋〟（梨状筋、内閉鎖筋、外閉鎖筋、上双子筋、下双子筋、大腿方形筋）の働きが主になります。インナーマッスルである深層外旋六筋がしっかり働くことによって、腰を割った姿勢が安定し、その周りの筋肉の働きを高めることができます。

先にも紹介したように、腰割りとスクワットの違いは股関節を開くか閉じるかだけのことですが、その開き具合で、使われる筋肉が大きく異なってきます。スクワットでは主に太腿の前（大腿四頭筋股関節）しか使われないのに対し、腰割りの構えでは、太腿の前に加え、後ろ側のハムストリングスやお尻の大きな筋肉（大殿筋）も使われます。

力士に限らずトップアスリートはお尻の形がきれいです。股関節周りのインナーマッスルがしっかり使われ、大殿筋もバランスよく使われているからです。逆に、膝にケガを抱えている力士は、体の大きさに比べお尻が小さい傾向にあります。やはり、膝に負担がかかるスクワット的な脚の使い方をして、腰が割れず、お尻の筋肉を使う度合いが少ないからなのでしょう。

13 股関節を開いたまま足を上げるのが四股

深層外旋六筋の上部には小殿筋や中殿筋、大殿筋という筋肉がだんだん大きくなりながら重なっています。これらに加え、腸腰筋や太腿の裏側の筋肉であるハムストリングス等も使われますから、まさに、股関節周りの筋肉を総動員するのが〝腰割り〟です。その腰割りの構えを保ったまま足を上げるのが四股です。開いた（外旋した）まま、足を上げることが大切です。

シコトレ教室で指導していると、初心者の方が陥りやすいのが、上げる足の股関節を閉じてしまうことです。足を上げること（外転）に気をとられ、股関節を開くこと（外旋）を忘れてしまいがちです。股関節が閉じると、使われる筋肉が偏ります。全身を均一に使う、という身体の使い方とは遠くなってしまうのです。

もうひとつ大切なのが、全ての動きを同時に行うことです。膝を伸ばしてから足を上げるのではなく、重心移動と膝の伸展、さらに足を上げる動作を同時に行います。このとき股関節も開いた（外旋した）まま重心移動しながら足を上げて（外転して）いきます。膝と同じように股関節自体も動きながら開く動作を同時に行っています。膝や股関節は、骨と骨をつなぐものですから、いわば軸です。

軸を固定せず、支点とせずに全身を滑らかに同じように動かしながら足を上げるのが四股なのです。

14 身体を動滑車的に使う？

同時に動かすということを繰り返し考えていると、動滑車が思い浮かんできました。滑車には定滑車と動滑車があります。定滑車は力の方向を変えるだけで引く力は同じですが、軸が固定されない動滑車は、引く力が半分で済みます。動滑車を2つ、3つと増やしていけば、必要な力は4分の1、6分の1と少なくなっていきます。支点をつくらない四股がこれとまったく同じ原理だとはいえないかもしれませんが、膝や股関節を固定せず、動作を同時に行なうことによって、力が全体に分散して、一つひとつの関節にかかる負担が減っていくのは間違いないと思います。

身体を動滑車的に使うのは武術的な動きではないかと思って調べてみると、やはり武術研究家の甲野善紀氏が「体感的動滑車の原理」という動きによる投げ技を紹介していました。

甲野氏と稽古をしている方のブログには次のようなことが書かれています。「やり方は、足は曲げたところから伸ばす。腕は持ち上げる方向に動かす。体は床に近づける。これらを同時に行うというもの。やってみると本当に軽く持ち上がる」

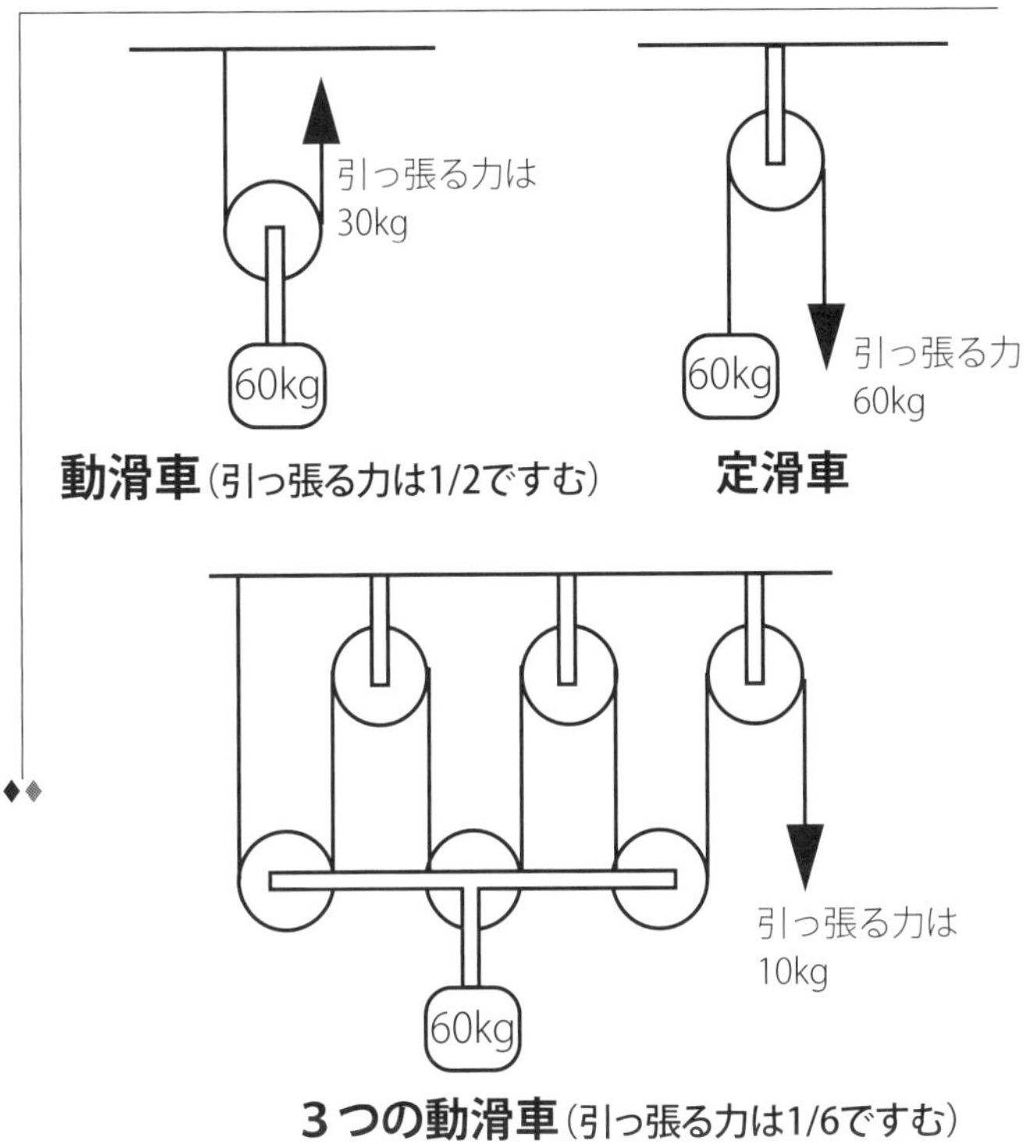

それぞれを違う方向に同時に動かす、という点では四股での膝や股関節の動きと同じです。それが、どこにも支点をつくらない動き、身体全体を使う動きにつながります。

動滑車は、軸になる滑車が動くことで、滑車の左右のひもが重さを支えることになり、片方のひもにかかる力は半分になります。体全体がいくつにも分かれて、力を分散し合えば、たとえ力が弱くても大きな力に対抗できるのではないでしょうか。

15 支点をつくらない双葉山の相撲

横綱双葉山は、自他共に認める非力の代表格でした。横綱昇進前後には、引きつける力の弱さを評論家に度々指摘されています。それでも相撲を取ると、相手をいとも簡単に放り投げてしまうのです。そして、双葉山の相撲を観察して一番驚かされるのが、〝踏ん張らない〟ことです。

相手に激しく当たられた時、差し手争いを繰り広げる時、四つに組んだ時、どんな時にも足を小刻みに動かし、踏ん張ることがありません。おそらく踏ん張らないことで支点をつくらない動きを体現していたのでしょう（もちろん双葉山本人にとっては無意識下での操作でしょうが）。

「水もたまらぬ」と評されたのが双葉山の上手投げです。これも、支点をつくらない動きを表現したものでしょう。支点がない動きは、どこから力が起きるのか、どういう方向に力が加えられるのかわからず、相手は反応できません。そして気が付いたらひっくり返されています。

16 四股、鉄砲の中に相撲の本質がすべてある

双葉山は師匠になってからも弟子に「相撲はほんとに奥深いもので、けいこのしかたについても、昔からいろいろよく研究されてきている。それを守っていれば間違いない。相撲は長い伝統があり、ムダなことは全部はぶいて今日の相撲が伝わってきているので、ムダなことは少しも伝わっていないのだ。からだを整えるには、シコと鉄砲をやればよい。ほかのことはやらなくても、シコと鉄砲だ。相撲は奥深いものだ」（読売新聞社『大相撲』昭和40年4月号）と語っています。

四股と鉄砲の中に「相撲力」を高めるためのさまざまなエッセンスが詰まっていることを体感していたからこそ発せられた言葉だと思います。「相撲力」とはすなわち〝心気体を一致させる〟〝体を一つに使う〟〝支点をつくらない動きを身につける〟という、相撲の本質といえる力です。

考えてみれば、月が地球の周りを回り、地球が太陽の周りを回り、太陽が銀河の中を回る――これら宇宙の営みはすべて支点のない動きです。これこそ本質的な動きといえるでしょう。四股の動きは、股関節を開いた構えから、足を上下させるだけ。いたってシンプルです。無駄な動きを極力省いて、よりシンプルにしていくことが相撲の本質に近づき、大仰にいえば、宇宙の本質に迫ることになると思います。

II 合気の達人の四股（佐川流四股）

佐川幸義宗範（木村達雄氏提供）

1 大東流合気武術の佐川幸義宗範

現代に生きた達人として知られた大東流合気武術の佐川幸義宗範が、毎日の鍛錬に四股千回を取り入れていたことは、広く門外まで知られています。佐川氏は、腰をつくるには四股がいいと語り、弟子にも四股を踏むよう勧めていました。

佐川幸義氏は、明治35年北海道湧別に生まれ、平成10年3月に95年の生涯を閉じました。父親が大東流の開祖とも中興の祖ともいわれる武田惣角と出会い、自宅に道場を建て2年間指導を受けたことから、当時10

歳だった佐川少年は武田の指導を目の当たりにし、17歳の頃には父親と二人で必死に研究し合い、合気上げのコツを習得したといいます。その後、武田の助手として全国を回り講習をつづけながら合気を修練していきます。昭和30年からは小平市の自宅に道場を開き、弟子を教えながら鍛錬を続け、合気を深めていきました。

2 四股千回やりなさい

佐川氏の名を世に広めた『透明な力』の著者木村達雄氏は、合気道を習いながら数学の研究者として渡欧し、合気道の指導も行いましたが、体の大きな外国人に頑張られると技が効かなかったそうです。そのため日本に戻り、本物の達人を探して色々な道場を訪ね歩きました。しかし、どの先生の技を受けても大きな外国人には通用しないように感じていたところ、最後に行き着いたのが佐川幸義氏でした。

初めて会ったときの佐川氏は76歳。「つかんでみろ」と言われ、31歳だった木村氏がつかみにいくと、一瞬で倒され、どんなに踏ん張ろうと頑張ろうと、何度も倒されました。そこで、その場で平伏《ひれふ》して入門を懇願したそうです。

当時名古屋住まいだった木村氏は、15回ほど小平市の道場に通ったそうですが、仕事の関係で再びヨーロッパに行くことになったため、佐川氏に鍛え方を教えてくれるようお願いしたところ、「四股を毎日千回やりなさい」と言われただけで、やり方は一切教えてくれなかったといいます。四股をやりだすと200回くらいで股が痛くなってしまったので、「先生、千回なんてできません」と訴えると、佐川氏は「なに言ってるんだ、私は四股をやり続けたまま死ぬことができる」と言って聞かせたそうです。再び渡欧した木村氏はその後、四股千回をやることが佐川先生とつながることのような気がして、必死で踏み続けたといいます。

3 腰をつくるための佐川流四股

佐川氏は、鍛錬の方法を弟子にも一切見せず、また教えることもめったになかったそうですが、鍛錬について、「特訓なんて何にもならない。毎日毎日一生鍛え続けるのだ。それが修業というものだ。……体の鍛錬を何十年と毎日続け、毎日体を慣らし続けなければ、本当には出来るようにならない。体を鍛え続け、いろいろと考え続けて技が体からにじみ出てくるのだ。……」と語っています。

『秘伝』誌2008年6月号には、佐川氏の鍛錬の特集記事が組まれ、直弟子の高橋賢《まさる》師範が佐川氏の教えを紹介しています。

佐川氏は、相撲の四股を、腰を作るために鍛錬したものの、腰ができないので自身で改良したそうです。ドスドス踵より落としては悪い癖がつく、指先から落とすのだと説いたそうです。

高橋氏は若いころ、四股の踏み方について「このようなやり方でいいのでしょうか」と、当時大学の体育実技で習った、足を高く上げて踏み下ろす四股を見せて尋ねたところ、佐川氏からははっきりした答えがなかったものの、佐川氏の四股と違うことだけはわかったといいます。

それからずいぶん経った後、後輩の佐久間錦二氏が佐川氏から直接四股を習ったことを聞き、踏んでもらったのが次ページ写真の四股だということです。

高橋氏は、自分の知る四股とはあまりにも違うので驚き、佐久間氏や木村氏が四股で強靭な腰をつくり佐川氏から褒められたことを記しています。

佐川宗範が踏んだとされる四股。佐川道場の佐久間錦二氏に再現してもらった写真（『秘伝』2008年6月号より）

4 膝を痛めていても踏める四股

以前から佐川氏の四股については気になっていたのですが、昨年の九州場所の稽古で、膝の悪い力士が四股を踏むと膝が痛いというので、佐川流の四股を勧め、自分も一緒に踏んでみることにしました。

はじめは300～500回、だんだん700～800まで増やし、千回踏むことも何日かありました。膝を痛めている力士も、これなら痛みませんと、続けて踏むことができています。私自身も、思ったよりもいい汗をかき、腰回りの充実感を感じることができました。12月に入ってから、一日千回を自分に課したところ、いろいろと新たな発見がありました。

普通に腰を下ろし足を上げる四股を踏む時は、日によって感覚のバラつきがかなりあります。腰の充実感を感じられる日があると思えば、ある時は肩や腰、太腿の力みがとれずしっくりしません。丹田や腰を意識しようとすればするほど体と意識がかみ合わない感覚の日も多々あります。

ところが、佐川流の足を上げない四股を踏むと、毎回いい感覚が身体の中から自然に湧き出てきます。

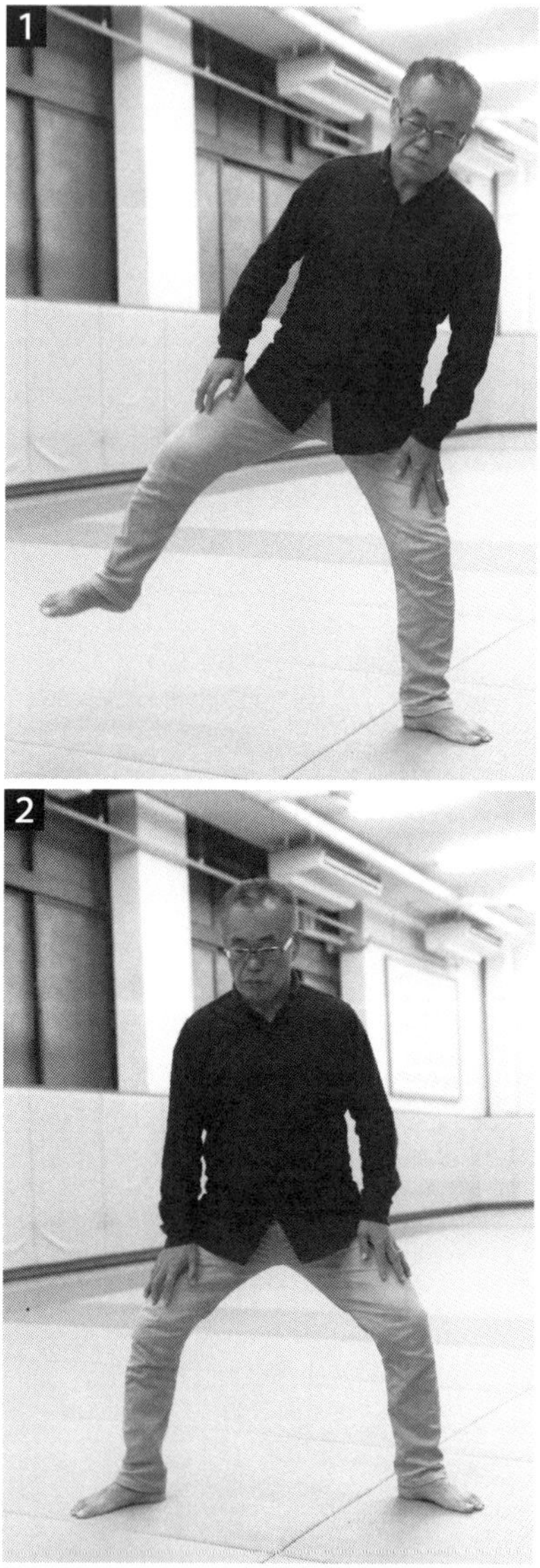

佐川流の足を上げない四股を踏むと、毎回いい感覚が身体の中から自然に湧き出てくる。

5 腰の意識が自然に生まれてくる

佐川流の四股は、腰の位置を高く保ったまま小さく足の上げ下げを繰り返しますから、力む必要がありません。肩の力を抜いて、上げて下ろす動作が一つになります。つまり体を一つに使う動きが自然にできるのです。そして、何回か繰り返すと〝腰〟の意識が自然に生まれてきます。

前項で記したように、腰を割ることは股関節を開く（外旋する）ことに他なりません。股関節の外旋を行うときに働くのが深層外旋六筋というインナーマッスルです。佐川流の浅めの四股は、腰を深く下ろすときよりも力まずに股関節の開いた状態を保ったまま足の上下の動作を繰り返すことができますから、インナーマッスルを働かせやすく、腰を割った状態を長くつづけることができます。よって〝腰〟の意識が、身体から自然に生まれてくるのです。これは、今までの四股では、時折しか感じられなかった感覚です。佐川氏が日記に記した「腰がつくれないので改良した」という言葉が腑に落ちてきました。

6 力まないことが大切

木村達雄著『新版・合気修得への道』には、佐川氏が語った言葉が数多く残されていますが、力まないことの大切さを盛んに説いています。

「いつでも戦えるようにしておく。力まずにスーッと平気でやれるようになっていなければだめだ。いつでも何気なくやってしまえる状態でいること。それがなんでもないようになっていること」

「力まないでやっていると、色々なことがわかって上達する。どうも力をいれてやらないと武術的でないと思っているようだが、考え方をすっかり変えなくてはいけない。私の武術は鍛錬に鍛錬を重ねて初めて出来るものなのだ。力んだ力なんて自分が感じるだけで相手になんら影響を与えない、……」

「余程鍛錬しないと肩の力は抜けてこないよ。肩の力が抜けてくるというのは大変なことなのだ。身体を鍛えると言っても、ちょっとやそっとやったって身体は変わってこないよ。身体が変わってくるためには余程やらなければいけない」

7 身体からの情報を感じられる

佐川流の四股は、力まずにできますから、身体からのいろいろな情報を感じやすくなってきます。土俵と唯一接し、接し方が身体の安定感や動きにつながることから、足裏は相撲を取るうえでとても重要な部位ですが、四股を２００、３００と回数を重ねていくにつれ足裏が床と広く均一に接する感覚ができてきて、その感覚がより高まっていきます。これは、腰を下ろし、足を高く上げる四股では身体の他の部位に意識が向き、感じられ難い感覚です。

また、小さく左右に身体を倒すことによって、自分の身体の重心（丹田）が感じられるようになってきます。小さな動きで力まないから、重力を感じやすくなり重心も感じやすくなるのです。

身体を左右に倒す小さな動きを繰り返していると、重心を求める方法が思い浮かんできました。形あるものの重心は、吊り下げる作業を2回行うことで求められます。次ページ図のように、重力は左右のバランスが取れる中心線を通りますから、両方の中心線が交わる点が重心になります。

重心の求め方

①糸を使って物体をある一点でぶら下げると、その糸の下りる垂線が物体の〝中心線〟（重量を左右等分に分かつ線）となる。

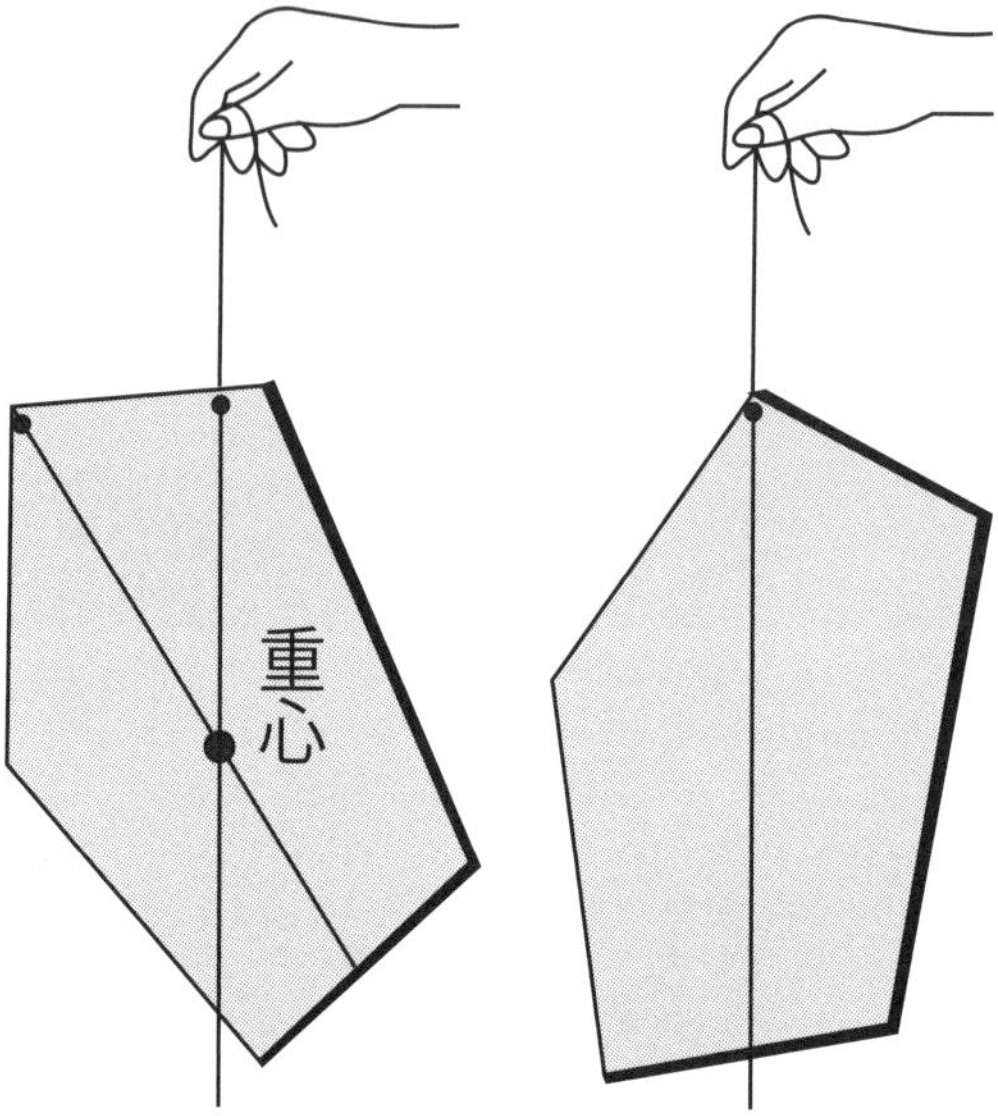

②別の位置からもう一度吊り下げて〝中心線〟を求め、2本の〝中心線〟の交点がその物体の重心となる。

佐川流四股は、力まずに左右への動きを小さく繰り返しますから、重心線を感じることができ、左右の重心線が交わる点、すなわち重心（丹田）も感じやすくなるわけです。

8　筋肉の奥にあるものを鍛える

映像に残る明治時代の四股を見ると、足を高く上げることはなく膝を曲げたまま一拍子で踏み下ろすだけです。さらに遡って江戸期の錦絵にみる横綱土俵入りの四股も、さほど体を傾けることなく足を少し上げただけです。ほとんど佐川流に近い四股です。本来の四股は、佐川氏が唱えるように腰をつくるためのものだったのでしょう。現代では、何かと批判されがちな稀勢の里の四股が一番近いように思います。

〝腰〟という言葉を現代風に言い換えると〝全身のインナーマッスルの連動〟だと思いますが、全身のインナーマッスルを連動させるために四股とテッポウがあるのでしょう。それが時代と共に、見映えやスポーツ科学的見地から、足を高く上げ、しゃがみこむ四股に変遷してきたのではないでしょうか。

前述の木村氏は著書の中で、「毎日、四股を千回、多い時だと一万回、一日五時間位やって鍛えた」と言い、「ずーっとやって十四年くらいたった時に、いったい私は何を鍛えているんだろうと思い、はっと気づいた。鍛えているのは筋肉じゃないんだ、体の内部にある何かを鍛えているんだと。だから肉体の波動に近いけど、肉体でない肉体というか、そこがどうも四股を踏むことで強化されているみたいだ」と語っています。四股はまだまだ奥深いようです。

9 重心とは？

先述の通り、形あるものの重心は、吊り下げる動作を2回行えば求められます。このことからもわかるように、重心とは、全体のバランスがとれる点で、そのものの中心といえます。

あらゆる競技において、重心を安定させた動きが大切なことは理解しやすいかと思います。重心が上下左右とぶれてしまうと、効率の悪いギクシャクした無駄の多い動きになります。

人間の重心は、体型による差は多少ありますが、お臍《へそ》の少し下の骨盤内の、丹田といわれる場所にあります。それゆえ、丹田を動きの中心に据えれば、その動きは合理的で滑らかになります。

本書で何度も紹介している〝相撲は腰で取れ〟とは、〝丹田を中心として体を使え〟と同義でしょう。

実のところ、腰で相撲を取ることとは、〝言うは易く行うは難し〟です。古来、「丹田呼吸法」や「肥田式強健術」、気功等、武道や禅においても丹田にアプローチする様々な鍛錬方法が行われてきましたが、目に見えない、数値化できないことだけに、習得するのは困難を極めます。

10 腸腰筋は達人の筋肉

人間の重心、すなわち心身の中心である丹田には、体を解剖しても、そこに特別な何かがあるわけではありません。運動科学者の高岡英夫氏は、トップアスリートと一般人とでは、重心の感

腸腰筋

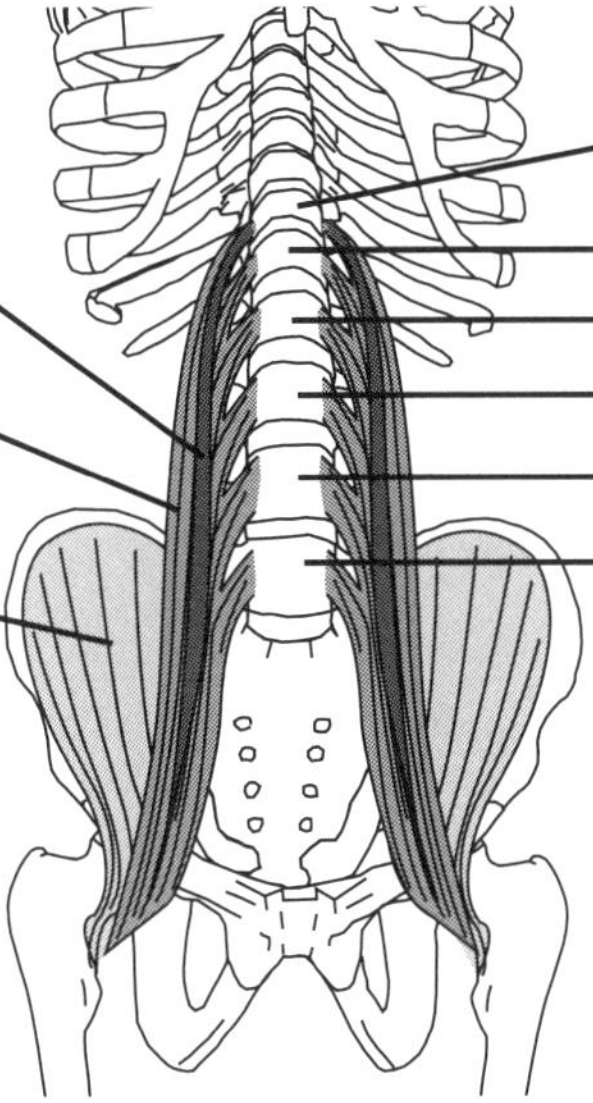

知能力、質量の感知能力、重力ベクトル（重力の方向と大きさ）、それに対する抗力ベクトルの感知能力が大きく違うことを説いています。トップアスリートが自分にかかる重力に大きさも方向も寸分違わぬ最小限の抗力で立っているの対し、一般人は必要以上に力んでしまい、重力や重心を曖昧にしかとらえることができません。その差が、動きのみならず立ち姿の違いとして現れるといいます。

重心や重力の感知能を高めるのが、軸であり丹田ですが、高岡氏は、丹田や軸をつくるのに大切なのが、腸腰筋であるとし、これを「達人の筋肉」と称しています。腸腰筋とは、大腰筋、小腰筋、腸骨筋の総称で、大腰筋は胸椎の12番と5つある腰椎と大腿骨を、腸骨筋は腸骨（骨盤）と大腿骨を結んでいる文字通りインナーマッスルです。丹田は、左右の腸腰筋に囲まれる場所にあり、腸腰筋の真ん中を中心軸が通ります。

11 能楽師が高齢になっても動けるのはすり足のおかげ

能楽師が舞台を滑るように歩く様は、重心の安定した最たる動きではないでしょうか。あれこそ、まさに腸腰筋を使った動きです。

現役時代から親交があり、ワークショップ等もご一緒させていただいている能楽師の安田登氏は、能楽師が高齢になっても動きが衰えないのは、すり足が腸腰筋を活性化させるからだといいます。

能のすり足は、ゆっくり小さな動きで行います。かかとを床から浮かさずに脚を脱力して大腰筋で足を吊り下げるようにゆっくりと動かし足をすすめます。ゆっくり小さく動かすことで太腿の前の筋肉や腹部の表面の筋肉がゆるみ、インナーマッスルである大腰筋、腸骨筋がはたらいてくれるのです。

12 腸腰筋を活性化させる佐川流の四股

さて、再度佐川流の四股について考えてみましょう。佐川流の四股は、足を高くあげることなく、腰を深く下ろすことなく、全身をリラックスさせ脱力して踏むことができます。

脱力することで、脚が腰椎から吊り下げられる感覚を持ち、足の踏み下ろしを繰り返せるため、腸腰筋を意識しやすくなります。腸腰筋が意識できるようになり活性化されてくると、丹田や腰まわりが意識しやすくなってきます。佐川氏は、「相撲の四股を、腰を作る為に鍛錬したが、腰ができないので改良した」と日記に記していますが、無理に足を高く上げたり深くしゃがみ込んでしまっては、腰をつくれないと感じたからこそ、四股の改良に至ったのでしょう。インナーマッスルを働かせるために、小さな動きの四股を1000回単位で繰り返したのだと思います。佐川氏が頻《しき》りに勧奨した「力まず行うこと」は、腰をつくるための四股には欠くべからざる条件だったのです。

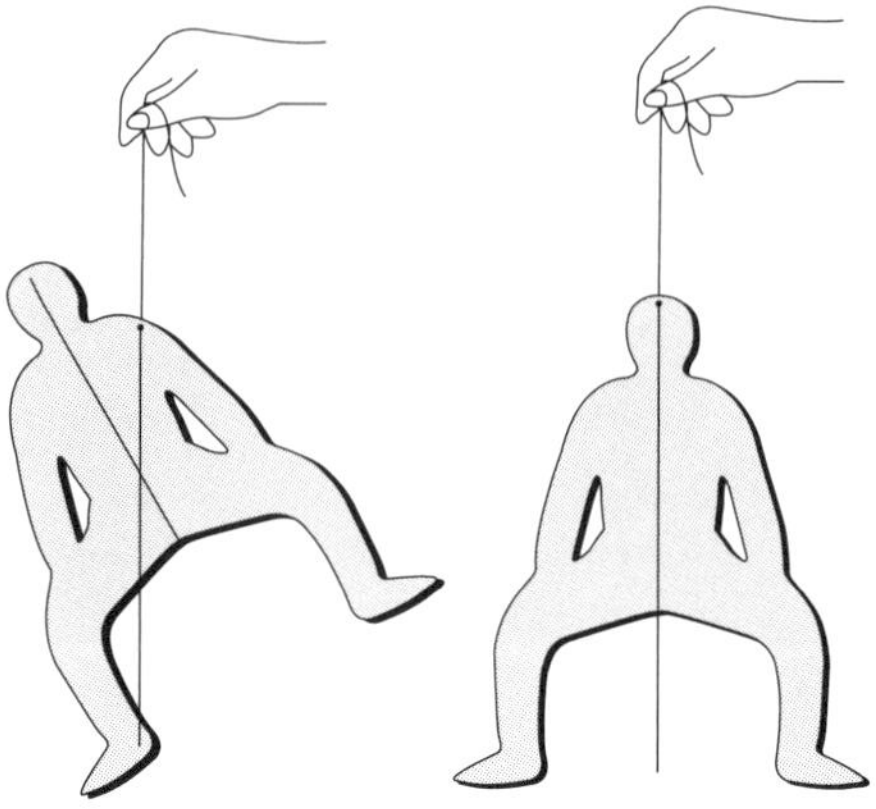

四股を踏んでいる姿を写真に撮って紙などに写しとって切り抜くと、重心位置の大まかな特定ができる。

13 四股の重心を求める

四股の動作を繰り返すことによって、重心がどのように動くのか、普通の四股と佐川流の四股を比べてみました。実際に四股を踏んでいる姿を切り抜き、上掲図のように2方向から吊り下げ、それぞれの形における重心を求めてみました。糸を垂らし2方向の糸が交わる点が重心となります。大雑把な求め方ですが、腰の下ろし方、足の上げ方による重心の動きの大まかな比較はできます。

まずは普通の四股です。

軸足の膝を伸ばした分、重心が斜め上方に上がります。シルエットを重ねると重心の上り具合が分かりやすいかと思います。

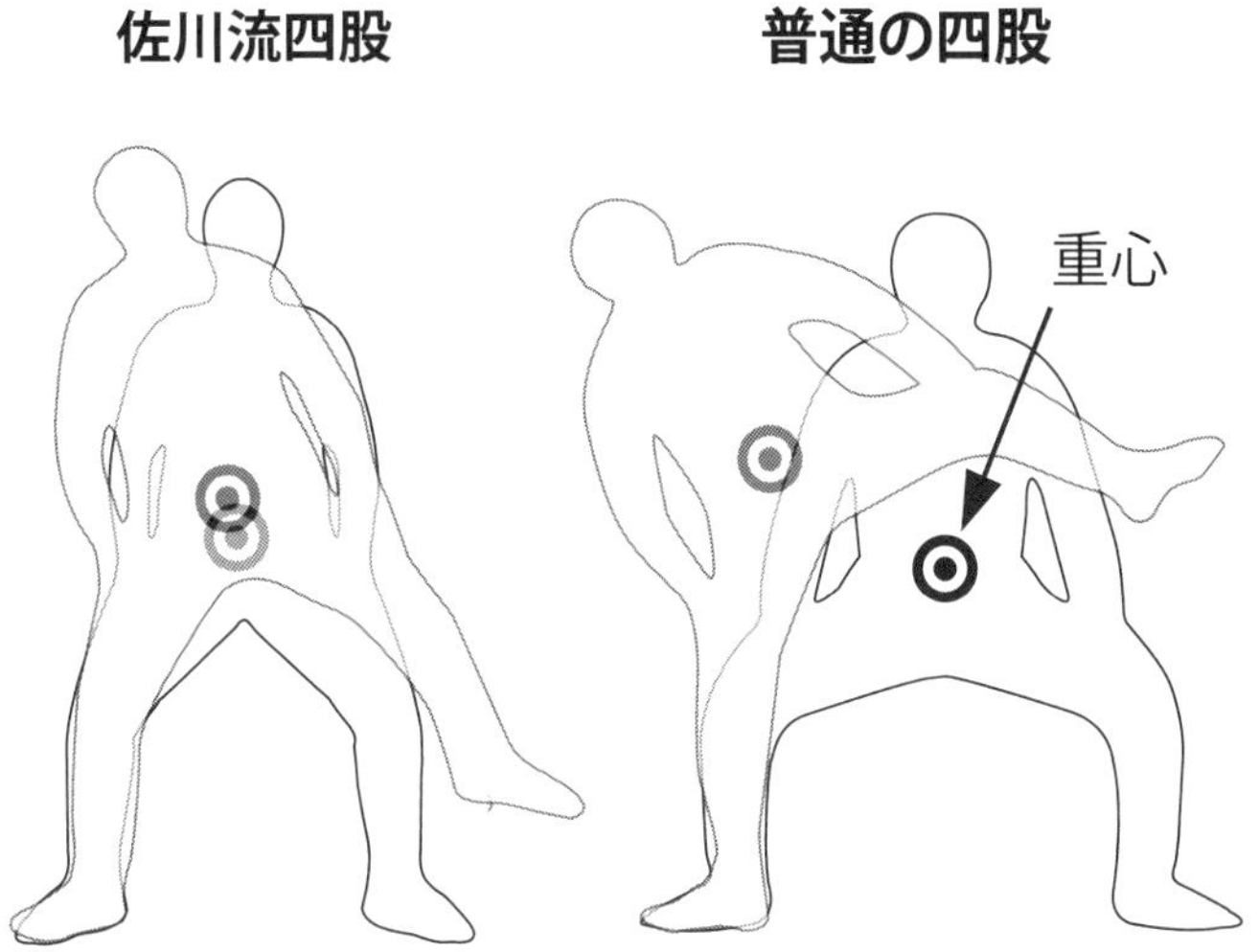
佐川流四股
普通の四股
重心

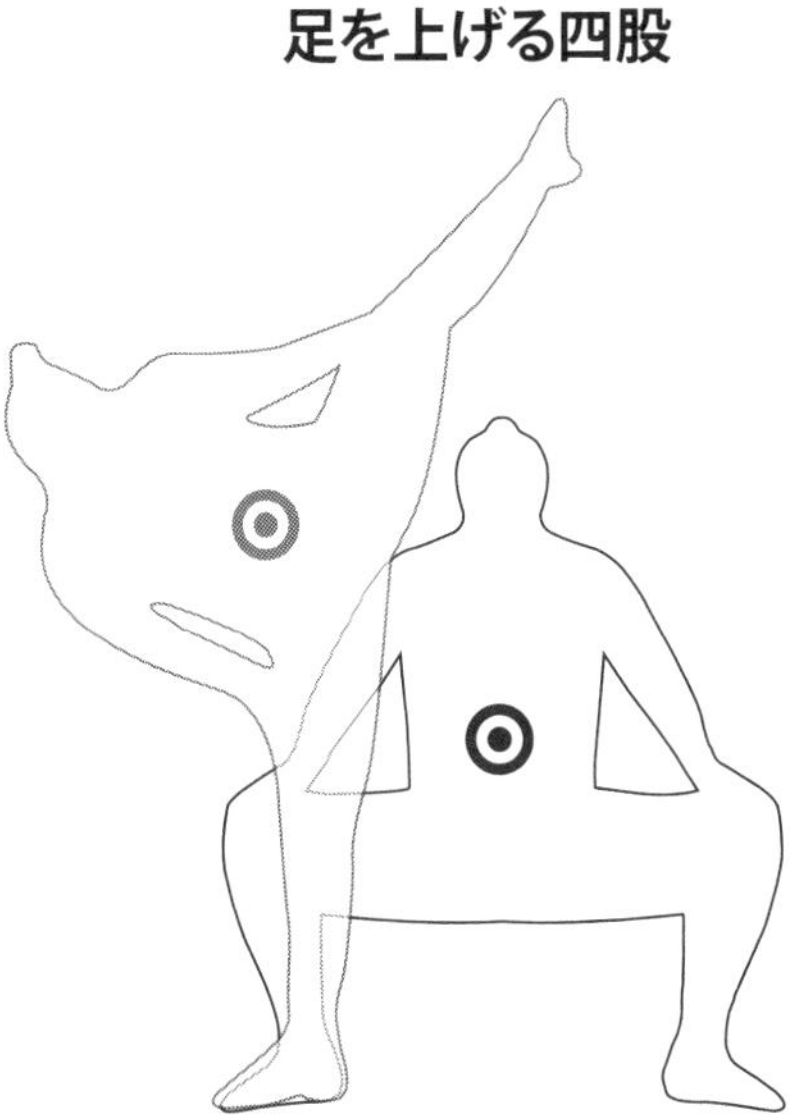
足を上げる四股

足を上げた時の重心線を比較すると、上げ方を小さくするほど、重心線は中心に近くなる。

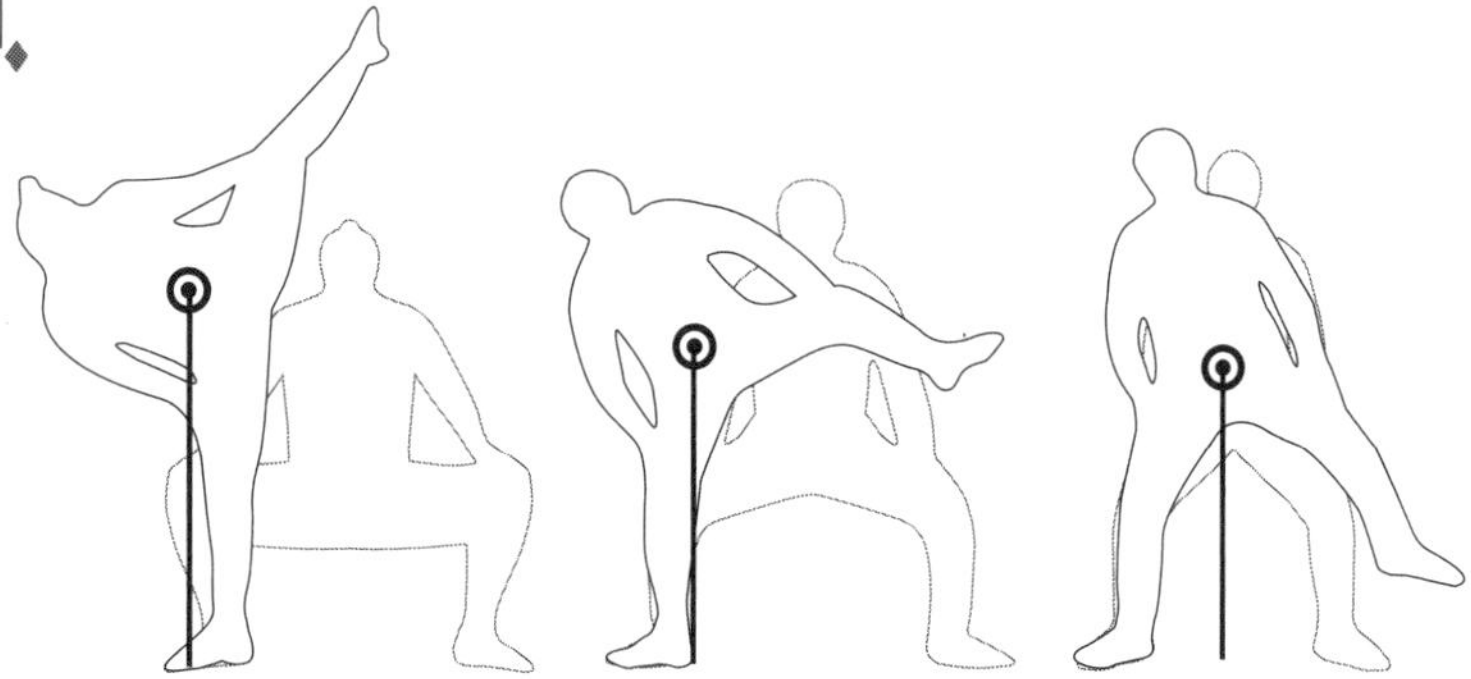

次に佐川流の四股の重心です。佐川流の四股では、足をあまり上げ下げしませんので、重ねてみても普通の四股に比べ重心の位置の変化はさほどありません。

現在、一般的に理想とされる足を高々と上げる四股の重心は前ページ下図のようになります。重ねてみると、重心の移動距離が大きくなっているのがわかります。

能のすり足の例からもわかるように、高岡氏が「達人の筋肉」と呼ぶ腸腰筋を活性化させるには、重心を上下左右に極力ぶれさせないように動くことが大切です。足を高く上げれば上げるほど、重心移動は大きくなり、腸腰筋が働かなくなってしまいます。

また、足を上げたときの重心線を比べてみると上掲図のようになります。

足を高々と上げる重心線が足裏の真中よりも前方、

つま先側に乗るのに対し、足の上げ方を小さくすると、どんどん重心線は中心に近づいてきます。当然といえば当然ですが、足を高く上げれば上げるほど、足裏の一点で全身を支えることになり、〝居着いてしまう〟状態になるのではないでしょうか。

第2章「II　筋トレと四股と〝一〟と」で述べたように、体を一つに使い、〝一〟で上げ下ろしするのが四股の本質です。そのためにも、重心は常に足裏から外し、重力を最大限に利用して足を上下させることが、体に〝一〟を染み込ませることでしょう。

また、足を高く上げる四股では、重心線が太腿の外側を通りますから、体を支えるために太腿の筋肉に力を入れ頑張らなければなりません。それに比べ、高々と足を上げない普通の四股では、重心線は太腿の内側を通り、佐川流の四股では、重心線は常に丹田付近を行き来します。

3つの四股を比べてみて意外だったのが、重心の位置の違いです。重心の高さだけを比べてみると、深く腰を下ろした姿勢が一番低く、普通の四股、佐川流の四股と、重心の高さは高くなります。

ところが、体の中での相対的な重心の位置を見てみると、腰を深く下ろすと重心は胸に近いところまで上り、佐川流の四股は、より臍下の丹田に近い位置まで下がります。深くしゃがみ込めばしゃがみ込むほど自分の体の中での重心の位置は上ずってしまいます。（次ページ図参照）

腰を深く下ろす方が、体の中での相対的な重心位置は高くなる。

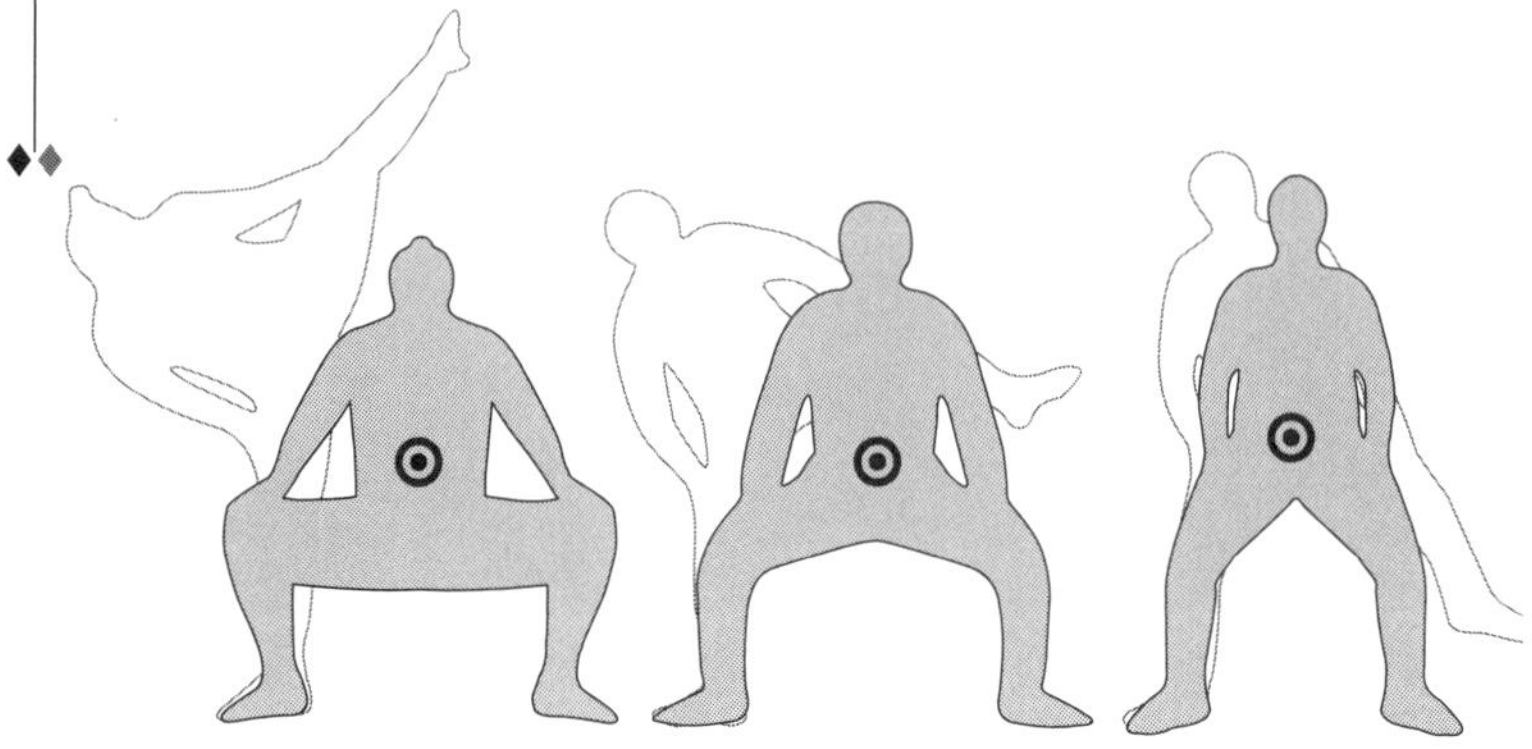

横綱双葉山は、取組の最中、決して深く腰を下ろして踏ん張ることはありませんでした。突っ立って見えるほどに腰をわりと高いポジションにおき、腰の高さを常に一定に保って土俵の上を滑るように動いていました。それは、能楽師が舞台を滑るように動くのと変わらぬ滑らかさです。重心を丹田に置き、腰で相撲を取るために必然的な腰の高さだったのです。

14 江戸勧進相撲の横綱土俵入り

そういうことに思いを巡らせていくと、江戸時代の横綱土俵入りの錦絵が頭に浮かんできました。これらのどの錦絵にも、横綱が足を高く上げた姿はありません。上半身も傾けることなく、ほぼ突っ立ったままです。

〝腰の文化〟の最盛期で、腰で相撲を取ることが当たり前だったであろう江戸期の四股は、「腰をつくるための四股」に相違なかったのでしょう。観客も腰のある人間がほとんどだったでしょうから、足を高く上げずに丹田を効かせて腰をつくる力強い四股に、拍手喝采を送ったのではないでしょうか。足を高々と上げる四股は、重心が上り、腰を軽くしてしまうので、踏む方にとっても、観る方にとっても、あり得なかったのではないでしょうか。

15 江戸期の四股を再現した佐川流四股

〝腰〟もしくは〝ハラ〟を人間の最高の価値として生きていたであろう江戸時代の人々の中でも選りすぐられた、体格や運動神経に恵まれた人間が、江戸勧進相撲の隆盛を支えてきました。そういう中で踏まれていたからこそ、私たち人間にとって一番大事な腰をつくるための四股であり、足を高く上げずに丹田を効かせて不動の腰をつくる四股だったはずです。現代に生きた最後の名人と言われた佐川幸義氏は、その江戸期の四股を再現していたのではないでしょうか。

III 肥田式強健術の腰と四股

1 肥田式強健術

肥田式強健術の創始者肥田春充は、明治16年山梨県で医師川合立玄の五男として生まれました。幼少時には体が弱く重病を患い、医者から死の宣告を受けたことが二度もあったといいます。幸い死の淵から生還できたものの、骨と皮だけのヒョロヒョロとした体型の虚弱体質だった彼は、友達から「茅棒《かやぼう》」とあだ名をつけられ、その劣等感から引きこもり、うつ病的でした。そんなひ弱な少年が18歳の時に一念発起して、父親の書籍を読み漁り、医学、生理学、解剖学、さらには東西の養生法、健康法、武道を研究して独自に編み出したのが、川合式強健術（後に肥田式強健術）です。体について学ぶ中で、骨や筋肉の細胞はすべて入れ替わるという事実を知り、希望と信念を持って毎日鍛錬したことで、わずか2年で周囲が驚くほどの肉体改造に成功しました。さらにその探求を深め、大学を卒業した翌年の明治44年、『実験　簡易強健術』を出版したところ

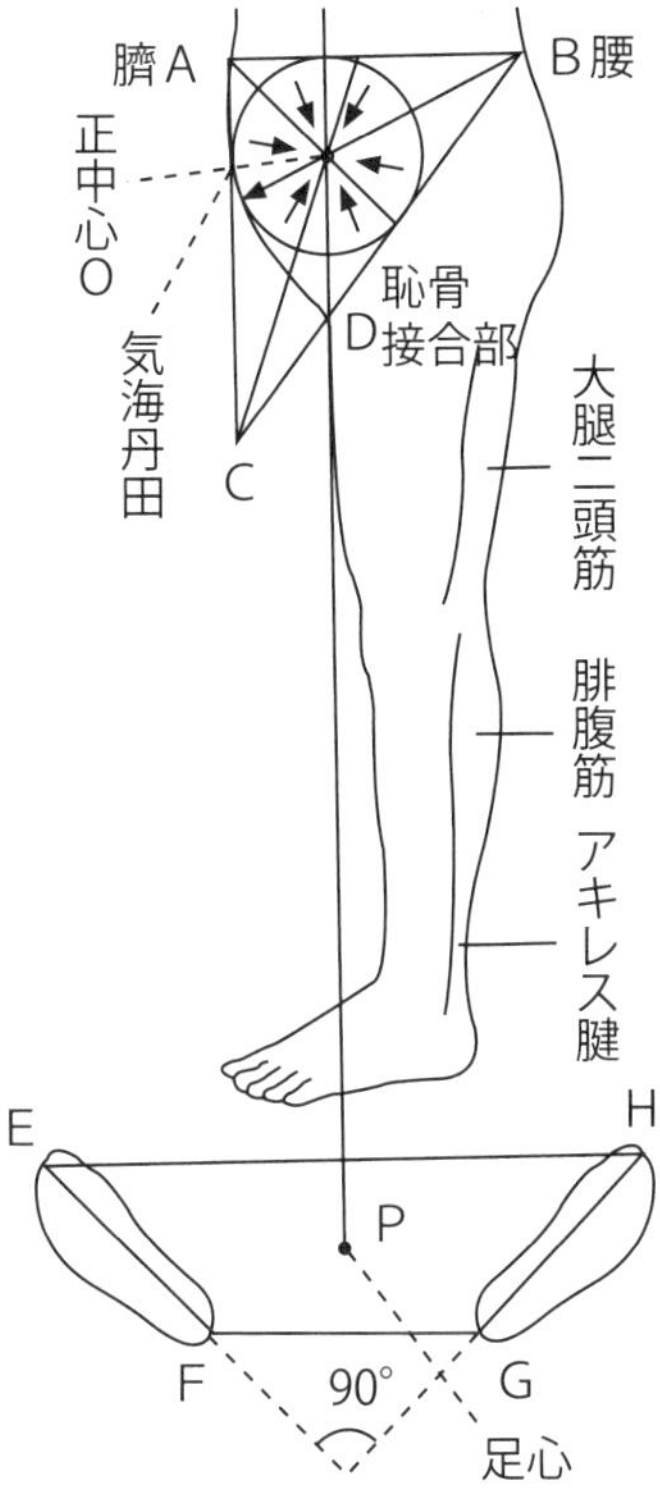

肥田春充が示した、「正中心」の物理的解説。

ベストセラーとなり、日本国中に強健術ブームを巻き起こしました。

2 正中心

肥田春充が編み出した強健術とは、正中心を鍛錬するものです。正中心とは、人間の物理的重心点で、『一分間の強健法』（壮神社）や『心身強健　體格改造法』（八幡書店）では、上掲図のように解説されています。

両踵《かかと》の間隔を肩幅よりもやや広めに取り、両足の中心線が直角に交わるように立ち、上体を真っすぐにしたら腰（仙骨と腰椎の接合点B）に力を入れて反り、そこから腹の方へ向かって水平線を引くと、臍《へそ》(A)と交わります。Aから垂直線を下ろし、腰(B)と恥骨接合点（D）を結ぶ直線とが交わる点をCとすると、直角三角形ABCができます。それぞれの角を2等分した線を引くと、三つの線は一点で交わります。そこが、人間の重心で、正中心です。この点を中心として三角形に内接する円を描くと、腹の前方の垂直線との接点が、臍の下およそ一寸三分の、いわゆる〝氣海丹田〟です。

腹の中の球を想像して腹に力を入れ、球の表面から中心に向かって同一の力で圧迫すると、その力は垂直に落下して、両足で形作っている台形（EFGH）の中心P（足心）に一致します。正中心（O）において集中された力は同時に反発して、垂直に上昇して脳幹正中心部を貫きます。

力の入れ方については、球の前方は腹直筋によって、側方は斜腹筋によって、上方は横隔膜によって、下方は恥骨によって、後方は脊髄と腸骨とによって統一した力が生ずると説いています。

3 踵とつま先とが直角

また春充は、「つま先と踵の直角が出来、その三角形の中心に重心が落ちるようにすると、腰と腹には、自然と力は等分に入り、姿勢は自ずから正しくなる。踵とつま先を直角にして、腰と腹をしっかりすると、敵に対し、最も強固な防御力を生じ、そのまま両足を90度転回すると、猛烈な攻撃へと変化する。腹は防御、腰は攻撃、腹は強固、腰は敏捷《びんしょう》、両者統一して、力が等分に入っているのが正しい。達人といい、名人と云わるる人達の、足の形は、槍を持っても、剣を構えても、薙刀を執っても、銃槍を握っても、（中略）或いは踊りをやっても、演劇の身振りでも、ことごとく踵とつま先とが直角になっている」と踵とつま先の角度を直角に保つことの重要性を説いています。

改めて双葉山の映像を見直してみると、立っているときはもちろんですが、取組の最中も、両足の踵とつま先が、ほぼ直角になったまま土俵上をすべるように動いています。

4 三角形が中心

座禅についても研究を深めた春充は、〝科学禅〟として結跏趺坐《けっかふざ》の幾何学的、力学的、かつ建築学的な研究を石の上で毎夜つづけ、『無』の境地を正確に現出する方法にたどり着きました。すなわち、結跏趺坐した両足の膝頭（A、B）と仙骨の中央上端（C）とを結ぶ線によって正三

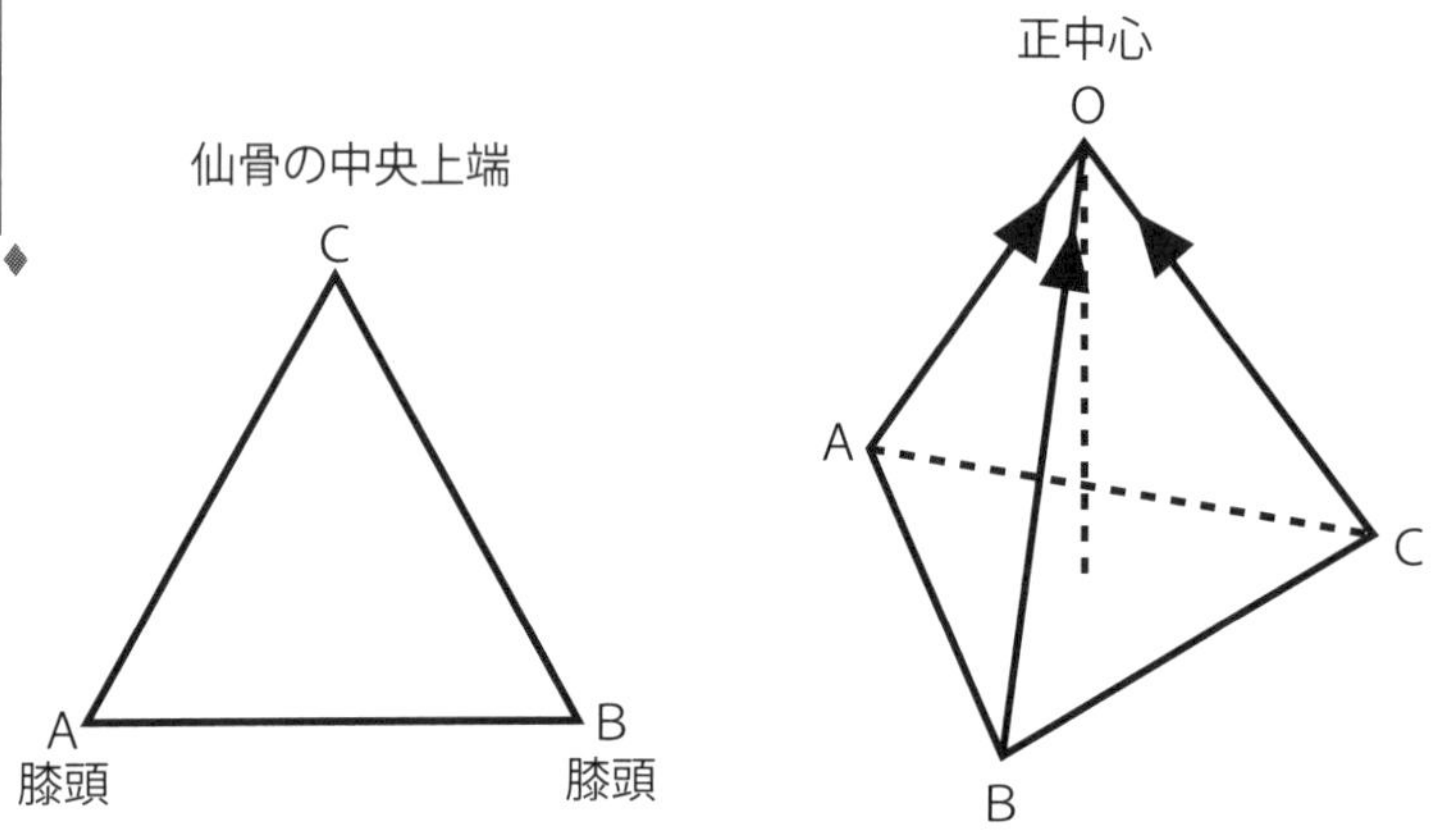

角形を形成し、それを底面とする正三角錐体の頂点（O）が正中心と一致させ、しかも三稜線（AO、BO、CO）の三つの反発上昇力を等量にした場合、つまりこのABCの三角形の形が一分一厘狂うことも、また三稜線を走り昇る反撥上昇力に寸分の誤差もなく、これが理想的関係に置かれた場合には、正中心より仙骨神経叢《そう》を通じて脊髄神経から脳幹中枢部の思考作用が機械的に停止され、いわゆる『無』の境地が現れる、と春充は述べています。

上掲図は、第2章「Ⅲ　四股とテンセグリティ」の中で紹介した、バックミンスター・フラーが語る宇宙の原理そのものです。この宇宙で唯一形を保てるものが三角形で、宇宙における最小構造が4面体（テトラヘドロン）です。

構えることによって、宇宙の原理である三角形や4面体をつくり、両膝と仙骨と正中心の4点を等しい力で結び付ける——まさにテンセグリティです。

5 正中心鍛錬の簡易強健術

肥田式強健術には、正中心を鍛錬するため、「純自然体休養姿勢」に始まり、腰腹同量の力で正中心力を養う「腰腹修練法」、さらに個々の筋肉を一動作ごとに鍛えていく「大腿四頭筋修練法」、「外腹斜筋修練法」、「三角筋修練法」、「上腕三頭筋修練法」など様々ありますが、立位の基本の構えは、〝腰割りの構え〟です。

「三角筋修練法」では、太腿が水平になるほど、腰を膝の高さまで下ろしますが、それ以外は、腰の高さがやや高めの、腰と脚が五角形となる構えで、解説では「両膝は下脚が地平面に対して垂直になる程度に折り」と記されています。

留意すべき点として「腰を反る」、「全身を柔軟」、「上体を真っすぐに保つ」、「腰と腹に力を込める」等の言葉がすべての型に共通して並んでいます。また、すべての動作が、中心力十分、部分力（各筋肉に入れる力）九分とされています。

外腹斜筋修練法

三角筋修練法

「大腿四頭筋修練法」は、立った姿勢から右足を踏み出して膝を曲げ、左足は伸ばし、伸脚に似た型ですが、相撲の伸脚とは逆に、曲げた脚の踵を上げ、伸ばした脚のつま先を床につけたままです。その姿勢から伸ばした左脚を急速に引きつけ、蹲踞の構えになります。このとき、腕《かいな》を返すように肘を外向きにし内側に捻っているのが特徴です。そうすることで確かに肩甲骨が動き全身がつながる感じがあります。

6 腰を反らせて腰腹同量力をつくる

肥田式強健術では、姿勢を大切にし、〝自然体姿勢〟を唱えます。それは、〝腰を伸ばし上半身は柔軟〟〝重心は両足の中央に落ちる〟〝上半身は地面から垂直〟〝腰腹同量力〟の四要素で構成され、腰（仙骨と腰椎の接合点）を反らし尻を突き出すことを強調しています。そうすることによって腹を下方へ張り、重心が両足中央に落ち腰腹同量となって正中心の力が湧くのです。

実際、腰割りの構えで、お尻をつきだすように腰を反らせてみたところ、上体を楽にまっすぐに保つことができ、太腿もリラックスできます。

7 股関節のすきまを広げる

マイムアーティストのＪＩＤＡＩ氏が著書『筋力を超えた「張力」で動く！』（ＢＡＢジャパン）の中で、四股立ち（腰割りの構え）についての興味深い考察を行っています。要約すると以下のようになります。

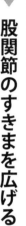

普通に四股立ちを行うと、多くの人が大腿四頭筋にほとんどの負担を負わせ、身体の他のところはお腹も含めてほとんどみんな休んでしまう。これはエネルギーの通っていない状態。そこで、股関節のすきまに目を向けると、良くない四股立ちの場合（次ページ図左）、股関節が潰れてしまっている。これは、楽をしようとして股関節に寄りかかっていることになるので、動きづらくなる。右図のように股関節のすきまを広げるようにすると、大腿四頭筋の負担が減り、ハムストリングが働くようになり、脚が軽く感じられ、少し浮いている感じさえするかもしれない。これがエネルギーが通っている状態。

股関節にすきまができることで、力のかかり方が均等になり、テンセグリィ度が増します。ＪＩＤＡＩ氏は、股関節のすきまを作ると、自然と骨盤が引きあがると言っておられますが、おそ

◉一般的な場合

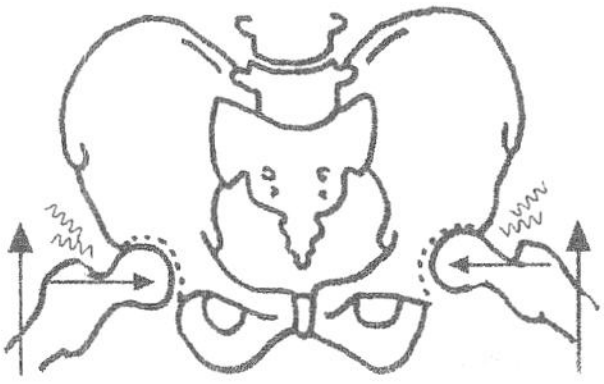

大腿骨が股関節の上部・内側を押しつぶすようになり、骨盤の重さを大腿骨に預けてしまう。

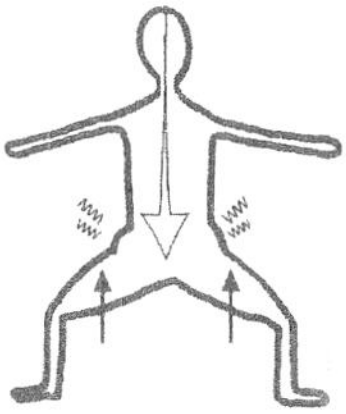

大腿四頭筋がメインに働き、お腹など他は休んでいる。体の重さを全て大腿四頭筋で支えている。

◉必要なこと

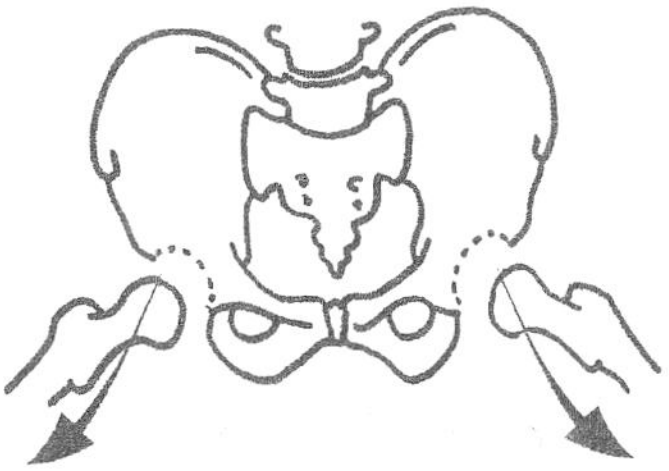

大腿骨を股関節の上部・内側から遠くなるようにし、股関節のすきまをできるだけ広げる。

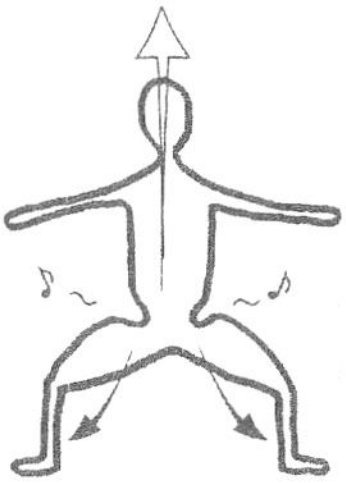

ハムストリングが働き、お腹も働く。体が上方へ引き上げられ、重さが分散する。

『筋力を超えた「張力」で動く!』（JIDAI 著（BAB ジャパン））より。イラストは JIDAI 氏。

らく腰を反らし下腹部を膨らませることによってもすきまができるはずです。

人間も元は四足動物でした。そこから二本足で立ったことによって腕が自由になり脳の活動が活発になり現在の進化につながっています。ただ、二本足で直立したために、股関節には大きな負担がかかり、無理やり伸ばされてしまった筋肉や靭帯もあります。腰を反らせることは、骨盤を前傾させることです。骨盤を前傾させることにより、大腿骨と骨盤の角度が四足動物のそれに近づくことになり、偏った張力を均《なら》すことができるのではないでしょうか。

単に腰を反らすと出尻になり、腰椎への負担が大きくなってしまいます。だからこそ横隔膜や斜腹筋を働かせてしっかり腹圧をかけ、腰腹同量の力を正中心にかけるのが大切なのでしょう。

8 肥田式強健術で四股を踏んでみる

今、佐川流の小さな四股を1000回、普通の四股を200回毎日続けています。2〜3カ月ほど、佐川流四股を踏むと500回くらいから左脚のしびれが出てきていた時期もありましたが、腰を反らせ腹圧をかけて踏むと、しびれはほとんど出なくなりました。普通の四股のときにも全身の一体感がより高まった感覚があります。肥田式強健術は四股の本質にも通ずるものが多々あるように感じています。

また、足の角度が90度ということも指針になります。佐川流の四股では両足を広げる幅が肩幅程度ですから、ちょうど両足を90度に開いた状態が膝や足首に負担なく構えられる角度です。腰を膝の高さまでしっかりと下ろした構えでは、最低120度くらい開いたほうが関節の並びは自然です。

両足の角度は90度。

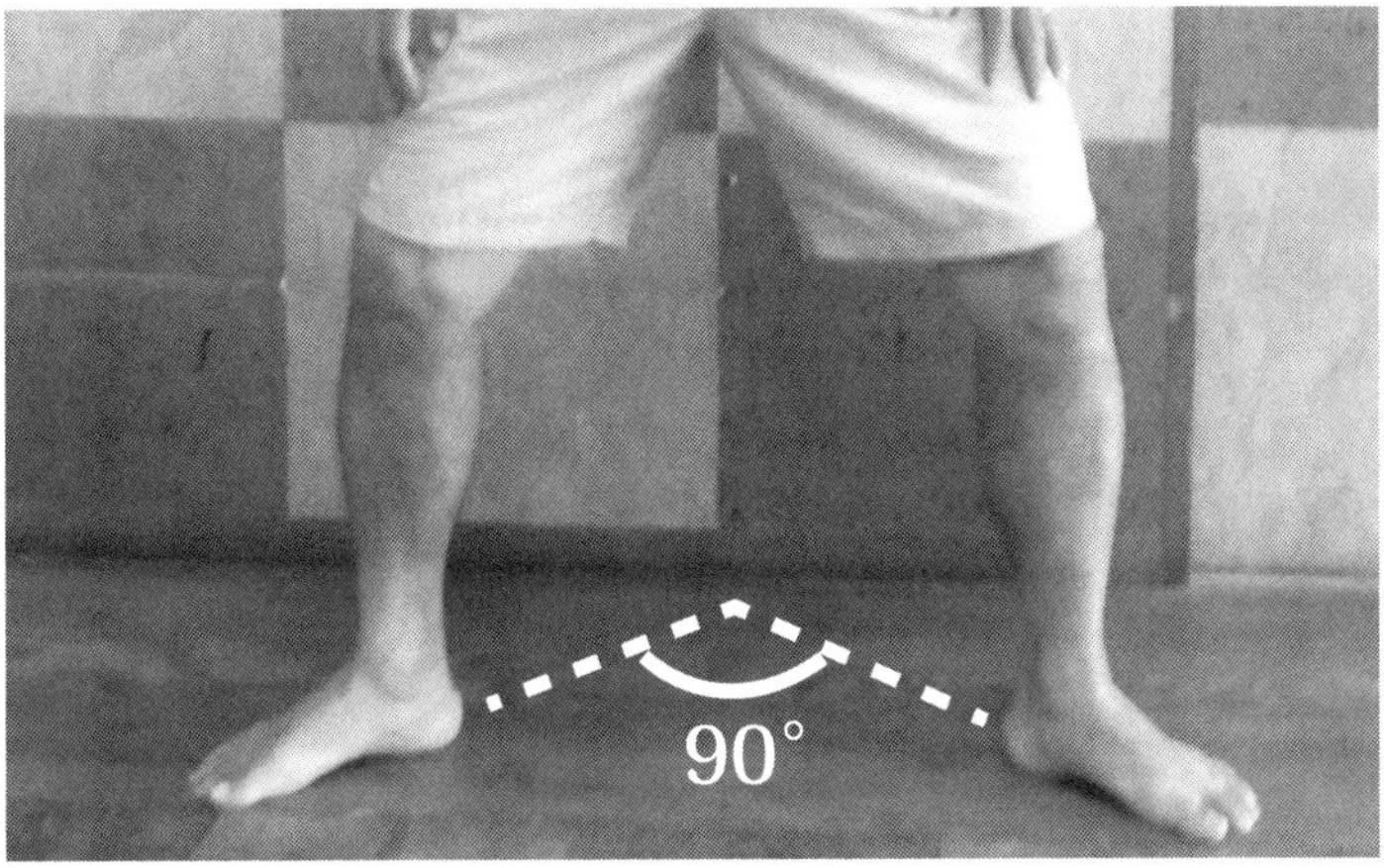

両足の角度は120度。

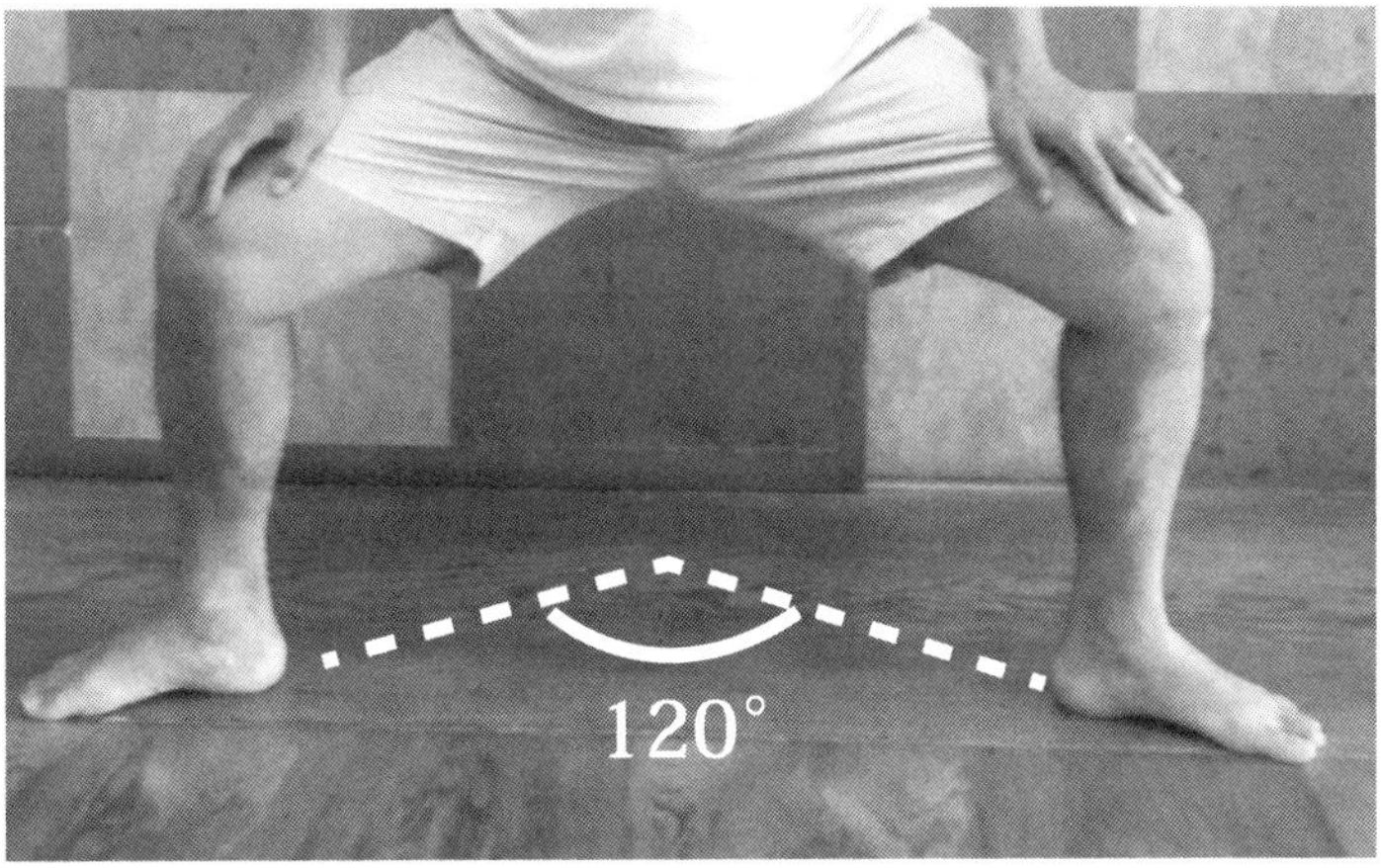

深く腰を下ろすときよりも、肩幅くらいの足幅で五角形の構えをつくる四股の方が90度を保つことができ、足で三角形をつくることができます。その方が、より強い構えであり、すなわちより強い腰をつくれるのではないかと実感しています。

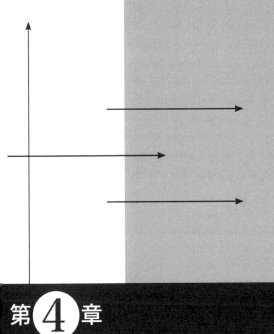

第4章

本当に人を強くする稽古

I　ぶつかり稽古

1　ぶつかり稽古とは

相撲の稽古には〝申し合い稽古〟や〝三番稽古〟などがありますが、仕上げに行われるのが〝ぶつかり稽古〟です。これは、相撲の基本である押す力と、体を丸くして転がる受け身の稽古を徹底して身につけるために行う、もっとも大切な稽古であると同時に、もっともきつい稽古でもあります。

ぶつかりを受ける力士は、腰を割った姿勢から右足を前に踏み込み、「ハイ！」と声を出しながら両腕を開き右の胸を前に出します。一方、ぶつかる力士は、腰を割り両拳を下ろし仕切った構えから、受ける力士の右胸めがけて当たっていきます。このとき顎を引き、額（髪の毛の生え際）でぶつかることが肝要です。頭を相手の右胸につけ、両手は脇の下、もしくは胸の下部に〝ハズ〟に当てます（次ページ写真参照）。このように頭でぶつかって押すこと、そして転ぶことを

手の形が矢筈（やはず）に似ていることから「ハズ」と呼ばれる。手をハズにあてがい脇を締めることで、全身の力が相手に伝わる。

何度も繰り返すのが、〝ぶつかり稽古〟です。

2 押すために合理的な構えを身につける

ぶつかる力士は、当たった勢いで一気に相手を土俵の外に押し出しますが、このとき構えを崩さないこと、また足幅が狭くならないよう、最初に構えた足幅を保ってすり足で足を運ぶことが大切です。足の親指を土俵から離さないようにし、土俵上に2本のレールが描かれるように足を運ぶのが理想です。このとき気を付けるべきは、かかとを浮かさないことです。かかとが浮いてつま先立ちになると、上半身がつんのめってしまい、腕の力しか使えません。かかとをつけ、足の裏全体で土俵を押すことにより、脚、腰、背中など、からだ全体を使って相手を押すことができるのです。

慣れないうちは、頭で当たることに恐怖感を覚える場合があります。怖がって横を向いたり、下を向き過ぎたりすると、相手に当たるどころか自分の首を痛めてしまうことになります。また、強く当たろうと意識すると、脇が開く傾向があり、そうすると、頭で押す力と手で押す力がバラバラになってしまいます。動かないものを押すのは本当に苦しいものです。その苦しさの中から合理的な構えや押し方を身につけていくのです。

3 体の芯から力をつける〝かわいがり〟

当たって押して、受ける力士に土俵際で残され、そこからさらに力を込めて押し出さなければなりません。このときに足が揃っていたり体が傾いていたりすると、巻かれ（転がされ）ます。当たって転ぶことを何度も繰り返すと、息も絶え絶えになりますが、そこからが本当のぶつかり稽古の始まりです。

心臓の鼓動が早まり、腕や脚等の表面の筋肉が使えないほど疲労困憊したときに初めて全身が協調した力や芯の力が発揮されるようになるからです。こうなってこそ、表面の筋力に頼らない、様々な力を総動員した相撲力を育てることになります。

10年ほど前に起きた力士の死亡事件により、〝かわいがり〟という言葉は、印象の悪いものになってしまいましたが、本来、力士を強くさせたいという気持ちから、ぶつかり稽古を長くたっぷり行うことを意味し、単に痛めつける稽古は、かわいがりではありません。

4 三保ヶ関国秋の相撲ゼミナール

元大関増位山（先代）の三保ヶ関《みほがせき》親方は、昭和50年代に月刊『相撲』誌（ベースボール・マガジン社）に、「三保ヶ関国秋《くにあき》の相撲ゼミナール」を連載していました。その10回目で〝ぶつかりげいこ〟について取り上げ、次のように記しています。

「このぶつかるけいこは、必ずたっぷりけいこをしたうえで、仕上げの段階として行うべきものである。体が疲れはてグニャグニャになったところで、ぶつかりげいこをすると、体のシンから力がついてくる。これは経験的な事実だが、これを信じて自分の持てる力をふりしぼることが必要である。

押すものはできるだけ受ける相手に接近して押すことが必要である。両ハズになって、十分に体を接近させておいて相手を持ち上げるような形で押していき、土俵際で腕を伸ばす。これは相撲の重要な基本動作である。

ぶつかりげいこで押す場合、かかとを土俵につけたうえでツマ先に十分に力を入れて押すようにしなければならない。ともすればツマ先立ちになってしまうが、それはすなわち相手にもたれ込んでいる形で、実戦には使えない形になってしまう。本場所の土俵でこんな押し方をしたら白星なんて決してかせげない」

5 相手に接近して押す

この記述のなかで、「受ける相手に接近して押す」という言葉が印象に残ります。第1章の冒頭で紹介したように、〝腰〟は相撲を取る上で一番重要な概念であり、〝腰で相撲を取る〟ことが理想です。そのために腰を割って相手に接近しなければなりません。腰が使える力士のぶつかり稽古は、足と腰がどんどん前に出て相手の中に入っていくようで、見ていて気持ちのいいものです。わが高砂部屋の朝乃山は、入門当時からそういう腰の使い方ができていて、〝腰がいい力士〟として関係者の評価も高い存在でした。

押すにせよ、マワシを取って寄るにせよ、〝腰〟を相手に近づけ寄せていくことが、腰を使うことであり、相撲の本質である〝腰で相撲を取る〟ことにつながります。

三保ヶ関親方のいう「両ハズになって、十分に体を接近させておいて相手を持ち上げるような形で押す」ぶつかり稽古は、腰が使えるようになるために不可欠なのです。

6 引っ張り回しはいらない

ぶつかり稽古の途中で押せなくなると、胸を出す力士が、ぶつかる力士の頭を押さえて引っ張ります。頭を押さえられた力士は、それに抵抗して脇を締め、すり足でついていきます。苦しいけれど、頭を押さえて引っ張られることにより、引かれても前に落ちなくなる効果があるといわれています。ところが、三保ヶ関親方は引っ張り回しについて否定的な言葉を残しています。

「ところでいまよくぶつかりげいこで〝引っ張る〟ということがいわれているが、昔は全然なかった。終戦後、ああいうのがはやり出して、最近は引っ張り込んで胸を出す。だから土俵際で突き落としたりなんかはできても、土俵際で止めて、踏ん張ってからやる、横への巻き、突き落としなどはできない、というのは引っ張り込んでいるから。結局自然形が変わってしまっている。こ

ぶつかる力士の頭を押さえて引っ張り回す。

れは直していかなければならないと思う。

押させる方は、右なら右で相手の肩口を押さえながら、左でおっつけて、そして土俵際まできたら、土俵際で巻いたり、突き落としたりする。そうしたけいこをつけなければいけないと思う。

いまは引っ張り込んで転がすことができなくなっているから、当たってきたものを止めて、すぐに頭を押さえて引っ張り回す。引っ張り回されて腰を落としてついていったりするのも、けいこにはなるに違いないが、私たちの時代はそうして頭を押さえに来たら、それを振りほどいて、そのまま押せと教えられたものだ。

引っ張り回しがこうじていまは頭を押さえなくても押す方が勝手にすり足やったりして動いている。それも悪いとはいわないが、ぶつかりげいこの場合は、そんな勝手なすり足をする必要はない。すり足だけだったら土俵の下に下りても、支度部屋でも出来ることではないか。

ぶつかりげいこの場合は頭を押さえに来ても何がなんでもそれをふり払って押していくのがけいこになるのではないだろうか。私はそう考えているし、私自身もそういう風にやってきた」

7 頭で押さずに腕を伸ばしにいく

この三保ヶ関親方は双葉山と同時代の力士です。双葉山のぶつかり稽古の映像が何点か残っていますが、確かに引っ張り回す場面は一度もありません。当たって転ぶ、その繰り返しがスピーディーに行われます。当たってすぐ転ばされる、起き上がって転ぶ、また当たって転がされる、再び当たって転ぶ、……現在のように頭をつけて押し続ける場面はほとんどありません。

ぶつかる方も、頭で当たったあとは手を下から上に伸ばしにいき、肘が伸びますから自然と頭は相手の胸から離れます。そこを巻かれて転がされ、再び当たって転び、また当たって手を伸ばしにいくというように、当たってはじく、手を伸ばすことと転ぶことを主体にしているように見

◆◆腰を寄せて腕を伸ばしにいく（日本相撲協会提供）

受けられます。

3回押して1回転ぶ程度の頻度で、時には転がらずに終わってしまうことも見受けられる現在のぶつかり稽古に対して、当時は、当たるたびに転んでいるほどです。そして転がされて立ち上ったあとは必ず再び転びます。このときは、自ら転ぶ、受け身のための転びです。

8 何度も転ぶことで全身のバランスと感度を高める

現在のように頭をつけたまま押し続けると、どうしても腰は相手から遠くなってしまいます。頭で押し続けるよりも、当たったあとに腕を伸ばしにいくと、自然に頭は相手の胸から離れ、上体が起き上がりますが、腰は相手に近くなります。

腰を近づけ、下から上に相手を持ち上げるように腕を伸ばし、少しでもバランスを崩すと受け手に巻かれ（転がされ）、起き上がるとすぐ当たって転がされ、また当たって腕を伸ばす。これをひたすら繰り返すことによって全身のバランス感覚が徹底的に鍛えられたのです。当時のぶつかり稽古は、単に押す力をつけるというよりも、当たって相手を弾く、腰を入れて突き放すことを主体として行われていたようです。全身で腕を伸ばし下から相手を突き放すことは、単に押すときよりもバランスを崩しやすくなります。敢えてそういうバランスを崩しやすい状況をつくり、何度も巻かれることで、全身の感度を高めていく効用があったのでしょう。

9 双葉山と羽黒山のぶつかり稽古

終戦後の進駐軍占領下において日本相撲協会映画部が制作した『双葉山物語』という短編映画があります。双葉山の取組だけでなく、当時の巡業風景や稽古の様子なども撮影されている大変貴重な映像です。この中に、双葉山と羽黒山の、横綱同士のぶつかり稽古の場面が出てきます。

まず双葉山が胸を出し、羽黒山がぶつかります。双葉山は土俵中央で、羽黒山は俵の手前で、互いに2、3回四股を踏み、双葉山が右足を踏み込んで右胸を出すと、羽黒山がぶつかっていきます。当たって腰を寄せ腕を伸ばしにいきますが、伸ばし切れず、下から上へさらに2度、3度と伸ばしにいきます。3度目に伸ばしかけたときに双葉山が右からいなし、羽黒山を土俵の外に出して体を入れ替え突き放し、再びぶつからせます。今度も2度、3度と腕を伸ばしにきたところで左肩口を突き落とし転がします。立ち上がってすぐ、今度は羽黒山が双葉山の右胸に当たって自ら転びます。受け身をとってすぐさま立ち上がり、再びぶつかります。また2度、3度と腕を伸ばしにいき、そこを今度は引き落とし気味に転がされます。少し苦しげに立ち上がりざま再び当たって自ら転びます。再度当たって2度、3度と腕を伸ばして双葉山を土俵外に押し出して、今度は攻守交替で双葉山が羽黒山の胸めがけてぶつかり、転びます。

10 双葉山時代と現代のぶつかり稽古の違い

映像はおそらく今から70～80年前の、1940年代のものですが、同じぶつかり稽古でも詳細に見ていくと、現在のぶつかり稽古とはずいぶん違いがあります。押し方もそうですが、特に転がる回数が大きく違います。双葉山時代は、巻かれて転がされ立ち上がったあと、必ず転んでか

◆◆ぶつかり稽古の仕上げの対人テッポウ（日本相撲協会提供）

らぶつかります。そして、また巻かれて転ぶというように1回ぶつかる度に前後2回転んでいます。

翻って近年のぶつかり稽古は、転ぶ回数が極端に少なくなっています。逆に言えば受ける力士が、数多く転ばせなくなりました。これが最近のケガの多さにつながっているのは間違いないでしょう。

また現在では見られないのが、ぶつかり稽古の最後に二人で行う〝対人テッポウ〟です。これは、受ける力士が胸を出して相手の肩を突き、押す力士は右胸に頭をつけ、受け手のマワシを突くというものです。受け手が左足を出すと押す方は右足を出す、というようにお互いの右と左、左と右を合わせた突き合いを5〜6回繰り返して稽古を終えます。この仕上げのテッポウについては、いつ頃から行われなくなったのかも含めて、これからの探求課題です。

II すり足～千鳥足

1 すり足

「すり足」は相撲を取る上での基本です。土俵を摺《す》るように足を動かすことから「すり足」と言われます。どの部屋でも準備運動として、まず四股を踏んだあとに土俵の端から端までを横切るように何度もすり足が行われます。

その時に大切なのは、足の親指を土俵から離さずに足を運ぶことです。腰を割った構えから、右、左と一歩ずつ足を出しますが、上半身が左右にぶれないように、また重心が上下せず一定の高さで動くように注意して行います。

すると、土俵上に2本の足跡が平行に描かれますので、この2本の直線上の行き来を繰り返します。手は肘を前に出して固定する場合もありますが、足の動きと連動させて動かすのが一般的です。この場合、右足を出す場合は右手、左足を出すときは左手というふうに、通常の歩行とは逆の、いわゆるナンバという動きになります。すり足を繰り返すことにより、腰がぶれない安定した体の動かし方や、それを支える足の運び、さらに右手と右足を同時に動かす体の使い方を身に付けます。

2 千鳥足

両足が2本の平行線を描くように足を運ぶのだと教えられ、現在もそのように指導されていますが、戦前から戦後にかけての相撲の本をみると、いささか趣を異にしています。

そもそも目次の項目に、「すり足」の文字が見当たりません。準備運動もしくは相撲技の原理の中で、「運足」という表記で足運びについてを紹介しています。

昭和25年刊行の笠置山勝一《かさぎやまかついち》著『相撲』（旺文社スポーツ・シリーズ）では、「相撲技の原理」の中で5番目に「運足」として記されていますが、概略しますと、「運足練習の方法は、足の運びと手の動きが一致していることと、足の裏を常に砂から離さないで、すり足で歩くことである。この二つの要領を練習する方法として千鳥足がある」とし、次のような図を用いて解説しています。（次ページ図参照）

左右の足は平行線を描くように真っ直ぐに出すのではなく、半円を描くように内側斜め方向に

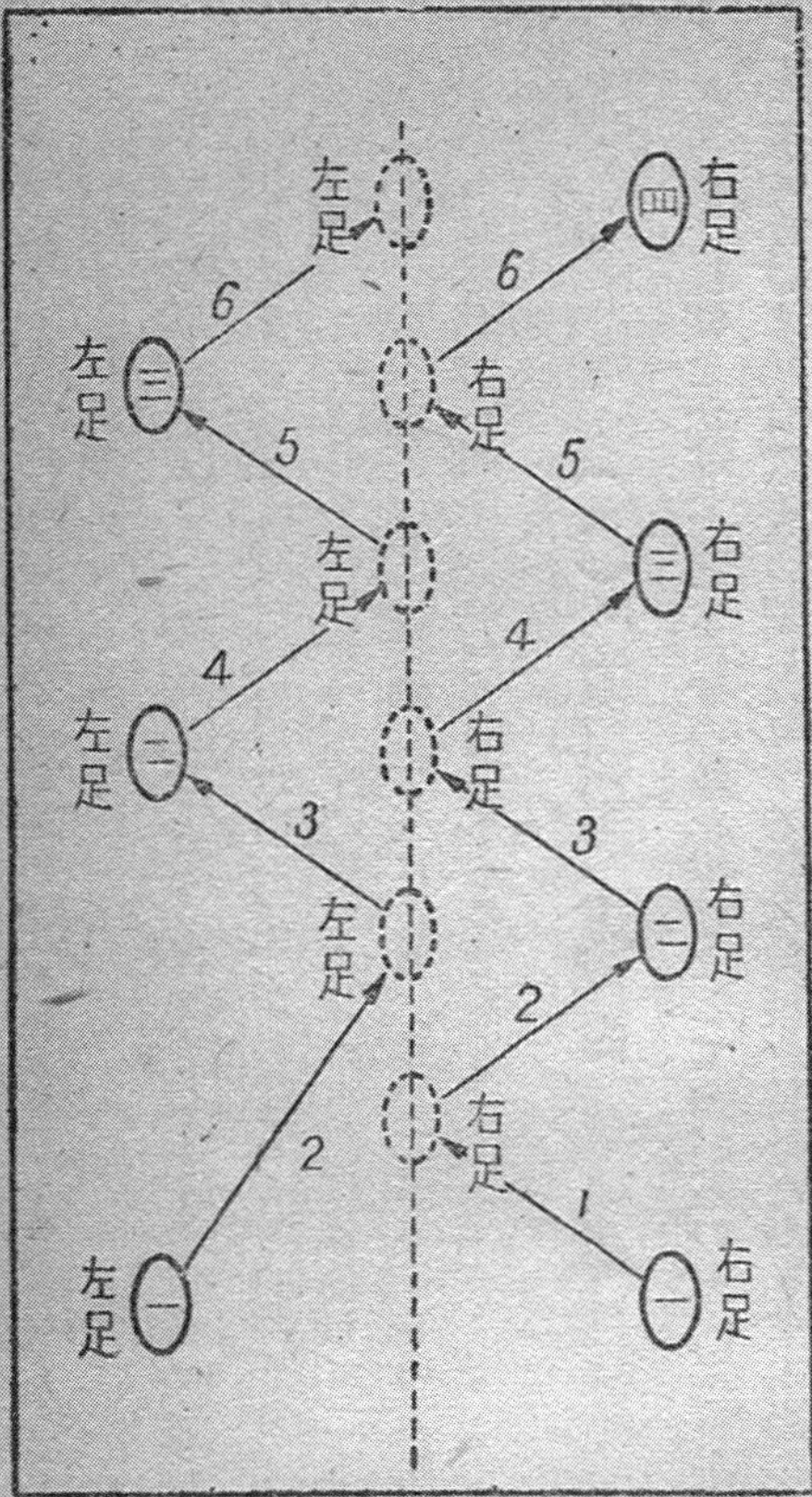

運足（千鳥足）

出し、着地せずに斜め前方へ出し、初めに構えた足の前方に置き、それを左右交互に繰り返しながら前に進んでいきます。それゆえ、足跡は平行線ではなく、半円もしくはジグザグを描くことになります。

3 鉄砲も千鳥足で行う

昭和19年刊行の元阿久津川《あくつがわ》・永井高一郎著『相撲道教本』(有朋堂)でも同様で、準備動作の中に「運足」として、「前進・後進・側進等何れの場合も、攻防理合の構えを以て必ずすり足にて行ふ。手の働きには必ず足を伴ひ、足は親指側に力を入れて行ふ。前進の場合、機敏に滑るが如く小足に左右交互に前進するのである。(中略)千鳥の砂浜に飛ぶに似て『千鳥足』とも云ふ」とあります。

また、昭和10年刊行の枡岡智・花坂吉兵衛共著『相撲講本』では、「千鳥足」の項目を大きくとり、写真やイラストを用いた詳細な説明は6ページにわたります。「力足(四股)にて土台固めをして、この不動の構えともいうべき正しい体勢のまま、上体の上下動を避けて進退法の修練を千鳥足といい、その足跡が千鳥足なればかく名づけたるもの」であるとし、脇を締める、顎を引き腰を下ろす等、現在の「すり足」のやり方が「千鳥足」の基本体勢であると述べています。

さらに「千鳥足」の次の「鉄砲」の項目では、「鉄砲は千鳥足の正しき体勢のまま台（受け手）に当たり、有効なる攻撃法と膂力《りょりょく》を養成する方法であって、相手を作りて互いに行うのが普通である。これを「攻」と云い「台」といふ。しかし適当なる相手のなきときは、千鳥足のまま立木、柱に当たり独習し得られる方法である」との説明がなされています（旧字体は改めています）。

4 千鳥足は手と腰と足の動きを一致させる

そう言われれば、テッポウのときには、足を斜め方向に出します。柱の前で三角形を描くか、クロスするように足を出しますから、千鳥足に他なりません。決して足を真っ直ぐに出すことはないのです。

千鳥足と同様、斜めに足を出す方が、体の構造上自然で、腕、腰、脚の一体感があります。足を真っ直ぐに出すと、支える脚（右足を出すときは左脚）がブレーキになるようで、スムーズに脚を動かすことができなくなってしまいます。

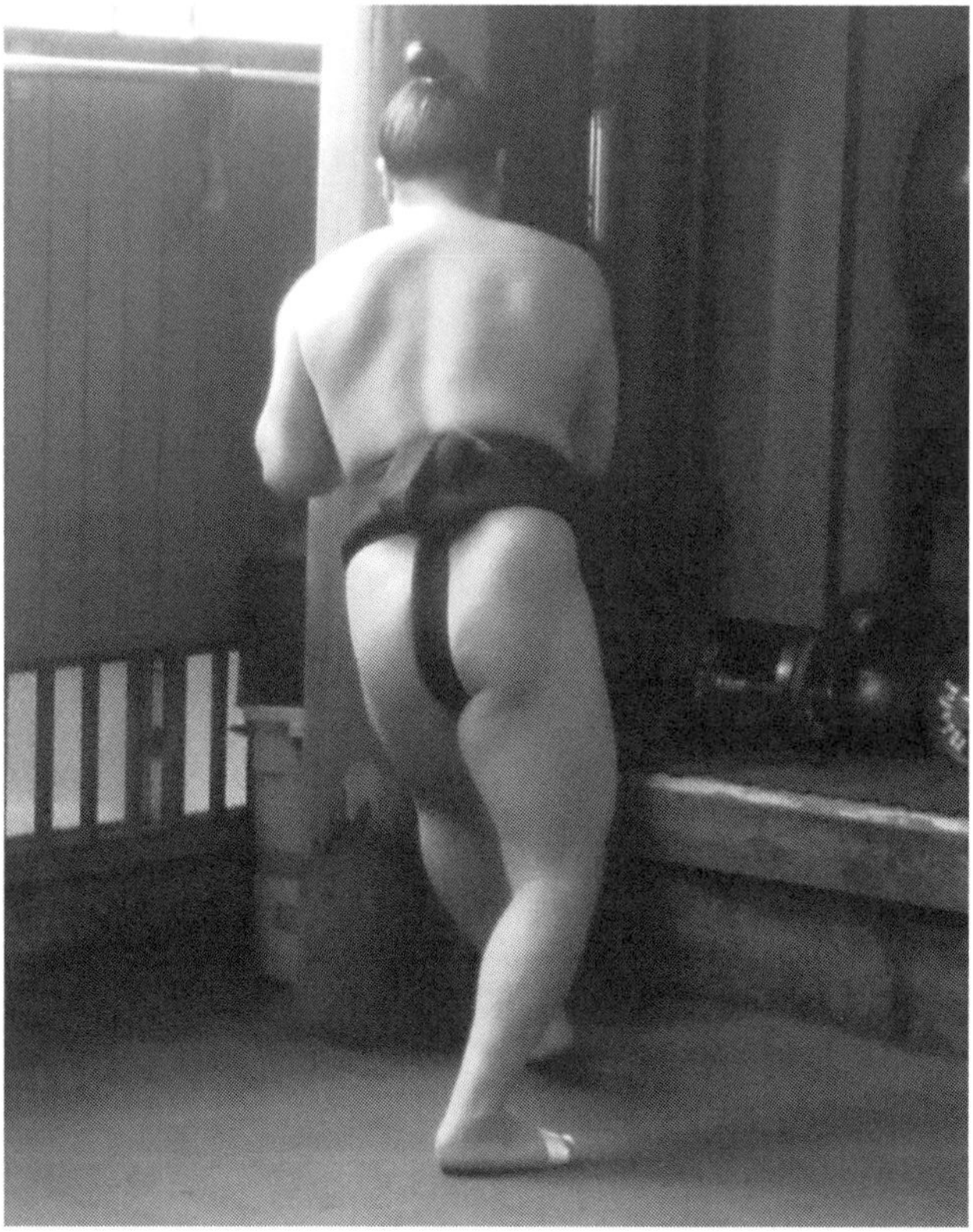

◆◆テッポウの稽古。左手で突くときは、左足を斜め方向に出す。

また、柱に向かわずテッポウを行いながら、すり足で前に進んでいく稽古法がありますが、そのときにも足は千鳥足を描き、真っ直ぐな2本の平行線にはなりません。千鳥足の軌道の方が、前に突く腕と腰、足の一体感があります。前に出した手を戻すときに腕《かいな》を返すのですが、この動きも前に出た足が内から外に戻る千鳥足の軌道と一致します。

そう考えると、現在行われている「すり足」の足運びに疑問が湧いてきます。本来、千鳥足に足を運ぶのが手や腰と足の動きを一致させる動かし方で、２本の平行線ができるように足を真っ直ぐ出すことは、体の構造や本来の使い方に反することにはならないでしょうか。

5 いつから千鳥足が消えたのか？

千鳥足という言葉は、今や酔っぱらいのふらついた足取りを指す場合にしか使われません。いつ頃、どうして、相撲界から千鳥足が消えてしまったのでしょうか。

１９７２年に藤川誠勝中央大学助教授が著したスポーツシリーズ44図解コーチ『相撲』（成美堂出版）では、基本練習の中で「運び足」として図入りで千鳥足が紹介されています。

それから40年ほど時が下った、２０１０年発行の（財）日本相撲連盟監修『さあ、はじめよう！日本の武道③相撲』では、「運び足」としてすり足が紹介されていますが、それは現在行われている真っ直ぐに足を運ぶ方法です。

図解コーチ『相撲』の著者の藤川誠勝氏は大正15年生まれで、昭和24～25年には選手として、27年からは指導者として、中央大学相撲部で活躍した方ですから、戦後間もないころの指導方法として自らが経験した千鳥足を紹介したのでしょう。私自身のことを思い出してみても、故郷徳之島でアマチュア相撲の選手たちと一緒に稽古した中学・高校時代（１９７０年代半ば）にはすでに、真っ直ぐに足を出す方法が一般的でした。当時も「すり足」という言葉が使われ、「千鳥足」という言葉は聞いたこともありませんでした。

6 スケートは千鳥足で滑る

さて、千鳥足での足の使い方を考えていると、思い浮かんできたのがスケートです。以前からテレビでスピードスケートを見るたびに、どこか相撲とつながりがありそうだなと感じていたのですが、今回の「千鳥足」を探求するにあたり、滑り方を調べてみると、かなり似ていることがわかってきました。

初心者向けの解説によると、基本姿勢はつま先を逆ハの字に開いた形で、この形を保ったまま氷上を歩くことから始まります。足を広げるか広げないかの違いはありますが、つま先の向きは同じです。ペンギン歩きと呼ばれるこの歩きで転ばずに歩けるようになったら、いよいよ滑ることに挑戦です。

逆ハの字のまま、左足を踏ん張り右足を滑らせます。このとき右足を出すのと同時に右手を出すようにします。そうした方が体重がしっかり右足に乗り、右足がスムーズに前に滑り出す、と記されており、これはまさにすり足と同じ、ナンバの動きです。

スケートは、エッジを使って氷を押して前に進みます。左足のエッジで氷を押すと同時に右足を斜め前に出し、右足のエッジに体重を乗せて滑り、滑っている右足のエッジで氷を押し、左斜め方向に左足を滑らせ体重を乗せていきます。その動きを左右交互に、ジグザグの千鳥足を繰り返しながら進んでいきます。

エッジで氷を押す力を効率よく全身力に結びつけるには、エッジと直角方向に足を滑らすのが一番効率的で、直角より角度が大きかったり小さかったりすると、力が分散され伝わり方が悪くなってしまうそうです。それゆえ、ジグザグに足を滑らせていくのが最も効率がよいのでしょう。

7 足の使い方の違い

さて、再度相撲のすり足を考えてみましょう。戦前（双葉山時代）から戦後（栃若《とちわか》時代）にか

◆◆寄る双葉山（手前）。足裏の内側を使って寄っている。（日本相撲協会DVDより）

けての取組映像を見ると、印象深いのが足裏の使い方です。立合い当たるときや押すとき、寄るときにつま先立ちで力を出している力士はなく、足裏全体、特に足のインエッジ（内側のライン）を使うのが一般的です。

スケートのエッジで氷を押すように、足のインエッジで土俵を押しながら、体を倒し前に攻めています。つま先は逆ハの字に開いていますから、スケートと同じように斜め方向にもう片方の足を出した方が効率よく力が伝わります。取組の最中は、前に出す足は浮きながら出ることが多いのですが、千鳥足の軌道を小さく描いています。

◆◆寄る現代の力士のかかとは浮いている。（2019年5月場所、幕内の取組。日本相撲協会DVDより）

一方、現代の相撲では前に押すときにはつま先立ちになることが度々見受けられます。かかとが上がり、つま先で土俵を蹴るような動作で体を前に進めれば、普通に歩く動作の延長となり、足が真っ直ぐに出るのは当然のことです。

8 非日常の動きを身に付けるための千鳥足

以上のことから、相撲の世界から「千鳥足」が消えたのは、足の使い方が変化したことによるものと推察されます。体を前に進めるときには、足裏全体を使い、スケートと同じようにインエッジを使っていたのが、普通の歩行と同じようにつま先で蹴る動作になったため、足を真っ直ぐ出す方が自然になり、「千鳥足」ではなく、２本の平行線を描くような「すり足」に変わっていったのでしょう。

つま先で蹴る動作は、つんのめる動作に近くなり、体の回転運動を起こします。体を前に進める力も効率が悪くなり、何より前に落ちやすくなってしまいます。昨今、立合いの変化一発で勝負が決まることや、引き技が多く見受けられるのは、足の使い方に一番の要因があるといってよいと思います。

現在の相撲界では、横綱白鵬《はくほう》がインエッジを効かせた立合いを行っています。わが高砂部屋の朝乃山《あさのやま》も、少しかかとが浮き気味ですがインエッジを効かせた立合いに近づいてきています。横綱朝青龍《あさしょうりゅう》もインエッジの効いた足の使い方をしていました。そう考えていくと、すり足は、単に足の裏を土俵から離さないためではなく、足の使い方を根本的に変えるものです。

ある武道家が、日常の動きをいくら速くしても技にはならず、非日常的な動きが身に付いてこそ、初めて技になると説いているように、相撲の真髄も非日常的動きにあります。四股、テッポウ、すり足は、非日常的な動きを身に付け、相撲の真髄に迫るためにあるといっても過言ではありません。すり足の基本となるのがインエッジを用いた足の使い方であり、そのために千鳥足は欠くべからざるものなのでしょう。

III 千鳥足的四股

1 双葉山の稽古場での四股

双葉山が稽古場で四股を踏む映像を見ると、あくまでも自然に構え、上から吊られているかのようにふわりと足を上げ、ふわりと下ろしつつズシッという重みも感じられます。足が下りるのと同時に腰が割れ、元の腰割りの構えに戻っています。見ていて実に気持ちがいいのですが、上げる足を軸足に引き寄せる動作があるのが、ずっと気になっていました。

四股を踏むときには、現在でも「足を引かずに上げろ」と言われますが、戦前から戦後にかけての指導書にも同様の注意書きが記されています。昭和25年に刊行された笠置山勝一著『相撲』(旺文社スポーツシリーズ)には、「決して足を引きずって支えている方の足に近づけてはならない。足の位置からそのまま上げることが大切である。(中略)足を引けばその時、筋肉はゆるんでしまって何等効果がないのである」とあります。

双葉山の四股の連続写真（日本相撲協会提供）

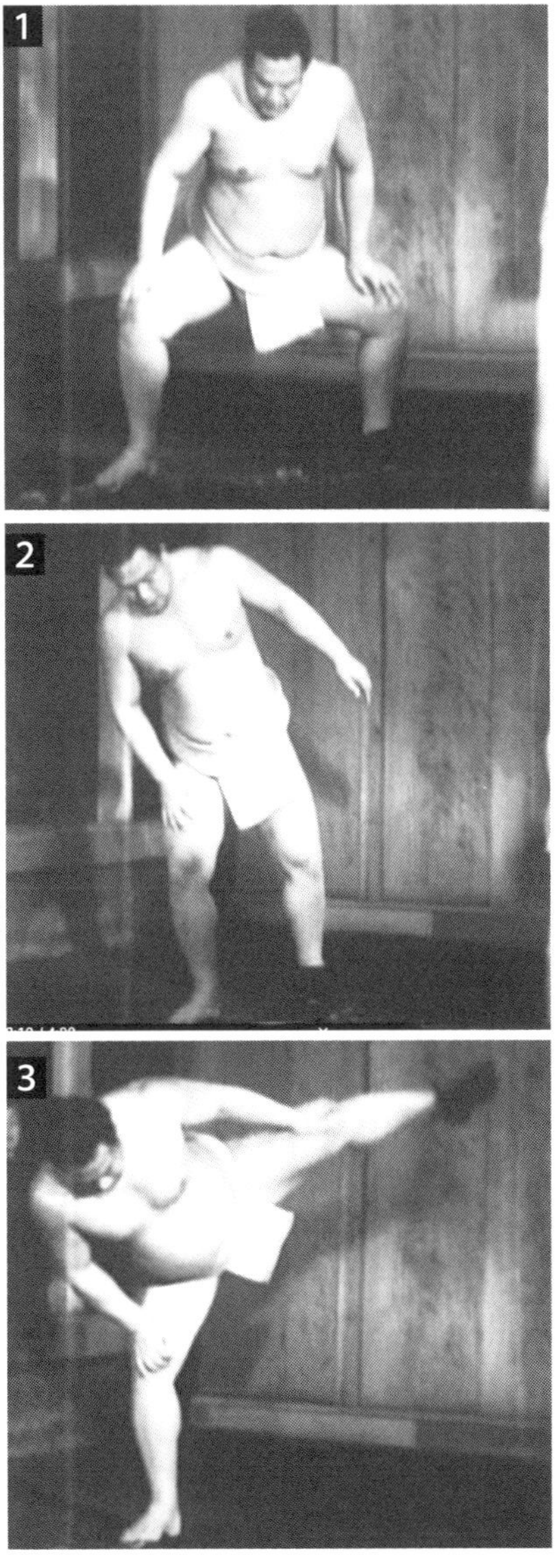

また、元阿久津川の永井高一郎氏も『相撲道教本』（昭和16年刊）において、「初歩の者、又は発育の不十分の者は右足をすり寄せながら挙げると重心の動揺を防ぐことができる。しかしこれは運動量が軽減する故、成るべくその位置から挙げる事に努むべきである」と説いています。

2 足を引くと腰が鍛えられない

四股の目的の一つは「腰」をつくることです。「腰」は、文字通り心身の要で、大腰筋や股関節周りの深層筋、横隔膜や骨盤底筋等が活性化することでつくられます。ところが、元笠置山や阿久津川の指摘のとおり、足を引き寄せてしまうと、腰周りの筋肉はゆるみ、「腰」をつくることができません。それゆえ、「足を引くな！　構えたまま上げろ！」と指導されるのです。

ただ、横綱土俵入りの四股は必ず足を引き寄せてから上げます。これは儀式的なものであろうと理解していたのですが、双葉山は稽古場でも同様に足を引き寄せて四股を踏んでいるのです。腰をつくることと矛盾するのではないかと、少なからず戸惑いました。

「大横綱だから許されるのだろうか」「鍛えるというより、体をほぐすために、少しいい加減に踏んでいるのだろうか」などと自分なりに勝手に納得させながらも、腑に落ちない思いを抱いていました。

3 モデル歩きは千鳥足

前項で述べたように、すり足は元来、足をまっすぐに出すのではなく、半円を描くように出していたことから「千鳥足」と呼ばれ、そのほうが体に一体感が生まれ、骨格や筋肉の構造的にも理に適っているのではないかということがわかってきました。

スケートの足遣いが千鳥足であることを述べましたが、モデルの歩き方も千鳥足に他なりません。モデル歩きにおいて重要なことは、体重移動と地面についている脚をまっすぐに伸ばし、両足の腿がすれるくらいに交差気味に脚を動かすことだとされています。それによって、足が一本のライン上に着地するようになり、体幹を使った軸が上下にスッと通ったバランスの良い歩き方になります。ライン上に着地するか、そこで着地せずに斜め前方に出して着地するかの違いであって、相撲の千鳥足と足の動かし方はまったく同じです。

4 円運動や螺旋運動の方が自然な動き

マイムアーティストのJIDAI氏は、著書『「動き」の天才になる!』の中で、「モデル歩きと相撲のすり足は、同じエネルギーの流れの運動」だと述べ、「歩きは一般的に、無意識下で直線運動がイメージされているが、実際にはムチを打つような波の運動があり、さらにそこに回転が加わるような動きが理想で、左右の脚がそれぞれ螺旋運動を続けるように歩けると、膝や股関節、腰にかかる負担がなくなります」と記しています。

すり足においても同様に、足を真っすぐに出すのではなく、千鳥足に出す方が脚の螺旋運動になるのです。

考えてみれば、地球と月の運動や太陽系、銀河系の動きも、宇宙の運動はすべて円運動もしくは楕円運動をしています。DNAも螺旋構造です。つまり直線の方が不自然なのです。

第2章「Ⅲ　四股とテンセグリティ」で紹介した「テンセグリティ構造」を提唱したアメリカの科学者バックミンスター・フラーは、「物理の世界には直線など見あたらず、ただ波があるだけだ」と語っています。

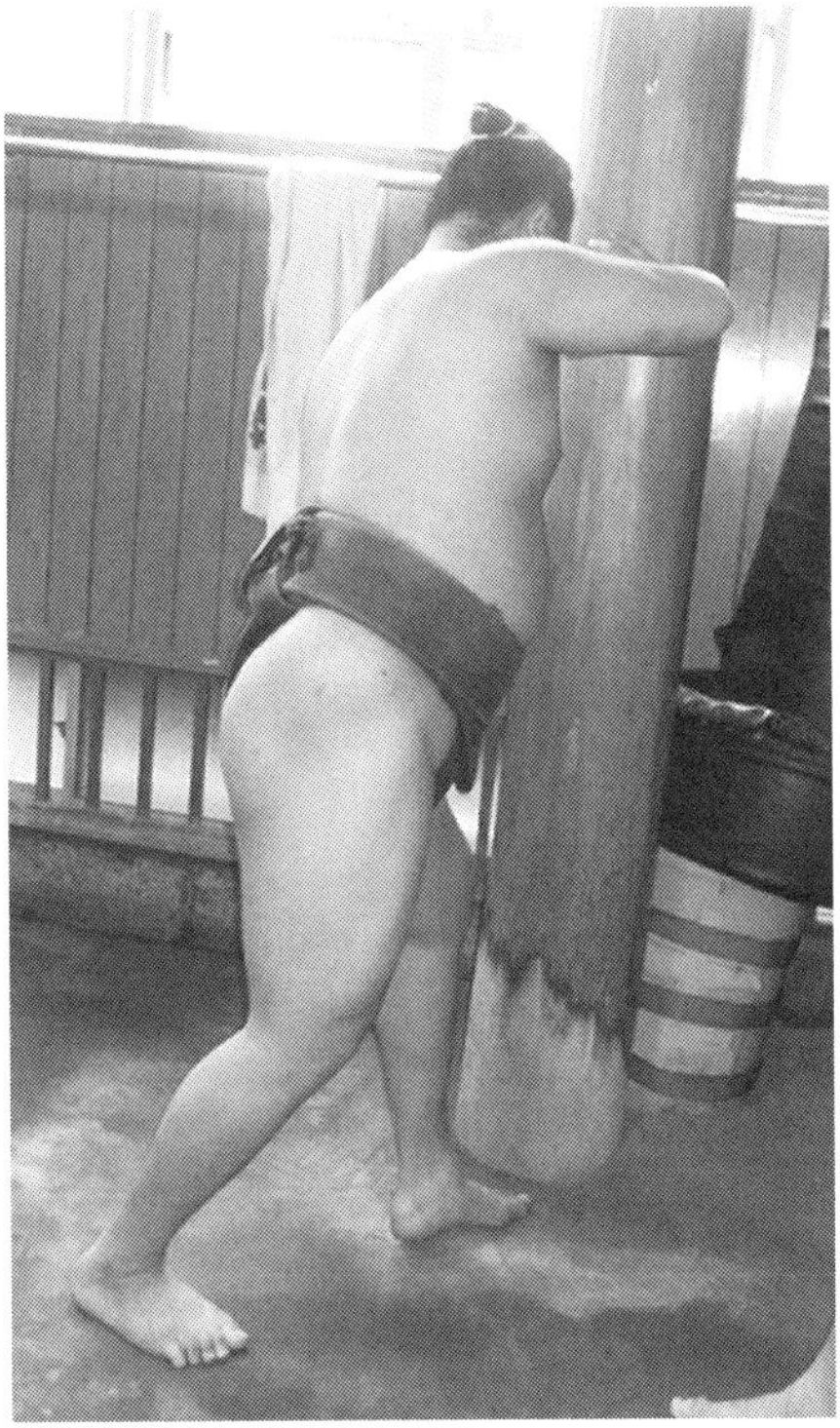

テッポウも螺旋運動

5 テッポウもすり足も螺旋の動き

テッポウ柱に向かって行う「テッポウ」の足の運びは、左右を交差させる千鳥足で行います。突く腕も柱に向かって交差するように出し、支える方は腕《かいな》を返しますから捻る動きが入るため、螺旋になります。「すり足」も、足を千鳥足に出すと、より螺旋運動になります。「テッポウ」や「すり足」の中に体を螺旋に使う動きが入っているとすれば、一番の基本である「四股」にも元々は螺旋の動きが入っていたのではないかと考えられます。そうすると、双葉山が足を引いてから四股を踏むのは、足を千鳥足的に動かすためだったのではないかと思えてきます。

四股は、股関節を開き上半身を真っすぐに保った状態から足を上下左右させるだけですから、捻る動きすなわち螺旋運動は入っていないように見えます。というよりもむしろ、捻る動きを排除して足を上げ下げすべきだと私は考えてきました。稽古場で双葉山が四股を踏む映像を繰り返し見てもやはり、捻る動きは見当たりません。ただ自然に足が上下しているだけです。

6 胸を出す力士は螺旋に脚を使う

捻る動き、螺旋に脚を使う動きは他にないかと思いを巡らしていると、浮かんできたのは、ぶつかり稽古で胸を出す力士の後ろ脚です。胸を出す力士は、腰を割った構えから右足を踏み出して右胸にぶつからせます。その時、左脚は膝を伸ばし、インエッジを効かせるように内側に捻ります。内側に捻ることで脚と腰がつながり、相手のぶつかってくる力を脚の方へ流し、土俵へとつなげ相手が押してくるのを残すことができます。昨今、胸を出すのが上手な力士が減っている

◆◆ぶつかり稽古で胸を出す力士は、左脚の膝を伸ばし、インエッジを効かせるように内側に捻る。

のは、捻る動作、すなわち螺旋運動が忘れ去られている傾向があるからではないかと思われます。

軸になる脚を内側に捻ると、大腿骨と骨盤がねじり合い一体感が生まれます。JIDAI氏は、螺旋の動きと直線の動きでは、力の受け渡しに大きな違いがあると指摘します。「螺旋の場合、力がその軌道から外に逃げることなく、軸が生まれ、中心に向かって進んでくれます。一方、直線の場合は求心力がないため、どうしても受け渡したい力が外へ逃げやすい」とし、「釘を押し付けるよりも、ネジをねじ込んだ方が刺さりやすく、腕で何かを押し

荒技「呼び戻し」を決める若乃花

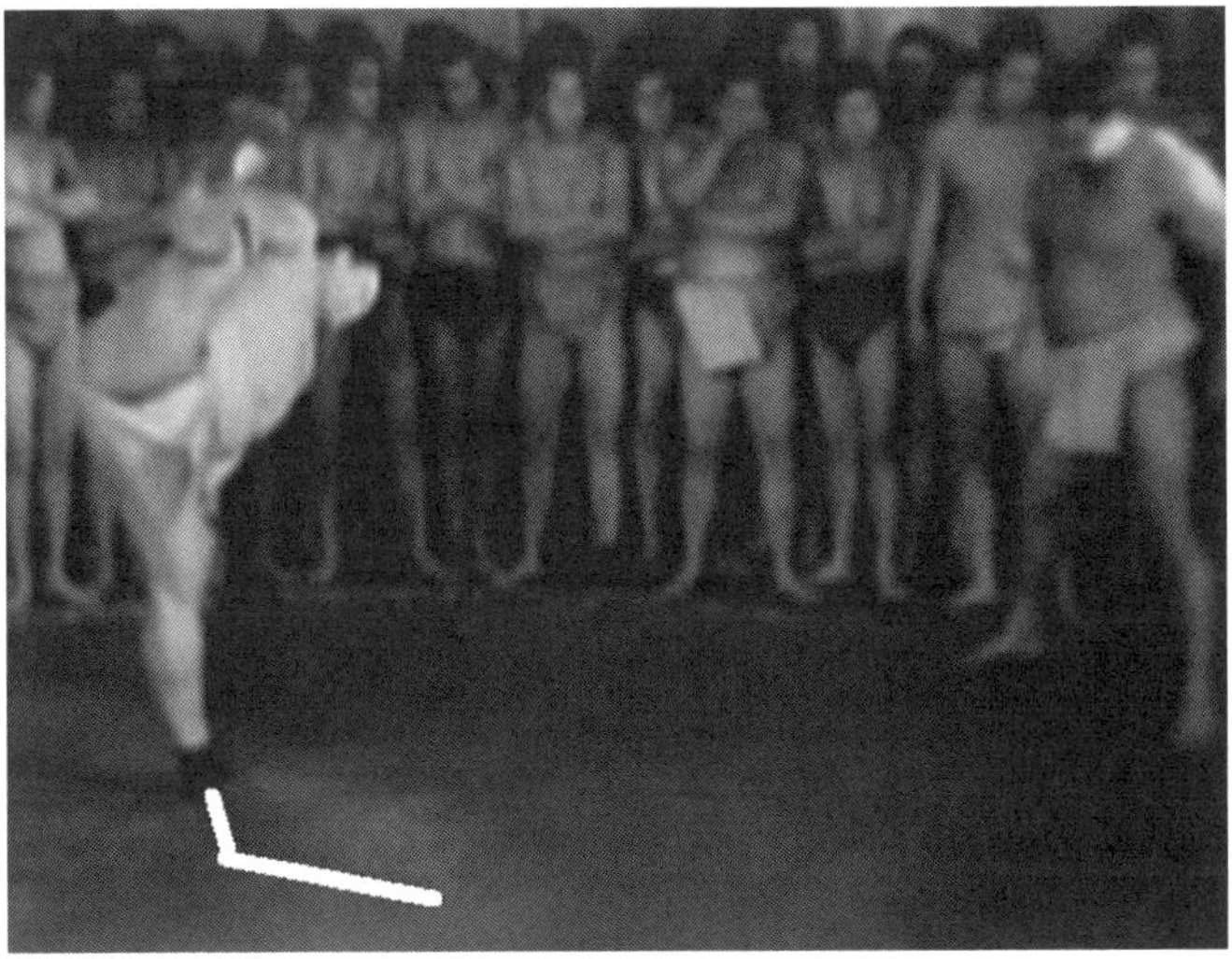

双葉山の四股の足跡（日本相撲協会提供）

込む際も、ねじ込む意識を自然にもちませんか」と例えています。

初代若乃花の荒技として知られた「呼び戻し」は、全身を螺旋に使うことで、相手を土俵に真っ逆さまに叩きつけていたのです。

7 足を後ろに引く双葉山

上の写真は、双葉山が横綱羽黒山に胸を出す前に四股を踏む姿です。左右2回ずつ大きく踏みますが、その時も足を引き寄せています。その足跡を注意深く見ると、少し後ろに引いているのに気が付きました。上げる足を軸足の方に引き寄せるときに、真横ではなくやや後方に引いているのです。

白線は足跡をなぞった線ですが、足元で三角形をつくっているのがわかります。後ろに引いてから足を上げ、元の位置に下ろすことによって、千鳥足と同じように捻りが生まれ、螺旋運動になります。

実際に自分でも行ってみると、足を真横に引くと重心が軸足の太腿外側に逃げがちですが、後ろに引くことによって重心が股関節に乗り、軸脚は自然と内側に捻られる（絞られる）感覚があります。双葉山は、足を引き寄せることによって千鳥足の足遣いをし、螺旋運動を行っていたのではないでしょうか。

8 全身のインナーマッスルを連動させるための四股

そう考えると、横綱土俵入りでの足を引く動作も、本来は足を螺旋に使うという意味を持っていたはずです。江戸時代に始まった横綱土俵入りは、行司の家元である吉田司家《よしだつかさけ》の創案ですが、浮世絵に残る四股は、足を高く上げることなく上体もほとんど真っすぐに立てたままです。『北斎漫画』にある「しこふむ」画も膝を曲げたまま踏んでいますし、明治29年（1896）5月場

江戸時代、葛飾北斎が描いた「しこふむ」画。
(出典:『北斎漫画』、提供:国立国会図書館)

所に横綱昇進を果たし、34年1月まで在位した、高砂部屋の第17代横綱小錦は、映像に残る横綱土俵入りを見る限り、北斎の画と同じように膝を曲げたまま四股を踏んでいます。第3章で取り上げた大東流合気武術宗範佐川幸義氏が踏んでいたという四股に近い形です。「相撲の四股を、腰を作る為に鍛錬したが、腰ができないので改良した」という佐川氏の言葉が思い出されます。

「腰」は全身のインナーマッスルの連動と言い換えることができます。全身のインナーマッスルを連動させ、螺旋に体を使うために、足を引き寄せ膝を曲げたまま足を上げるという動作が、本来の四股だったはずですが、次第に表面的な筋肉の運動としての意識が高まり、脚に力を入れ、足を高く上げるという動作に変わっていったのではないでしょうか。

9 似て非なるもの

双葉山が足を引くときには、表面の筋肉を緩めつつも、全身のインナーマッスルをつなげて骨を動かしています。千鳥足で足を動かすように、動きが止まることなく滑らかに足を上げる動作に移ります。どこにも支点を置かず、全身が一様に動く動作の中で足を引いています。

それに対し、現代の力士が足を引く動作は、足を引くことで腰を上げた、「休め」の姿勢でしかありません。片足立ちで休んだ姿勢から、表面の筋肉を使って股関節を支点に足を上げ、下ろします。足を下ろした後は、股関節をストレッチするようにしゃがみ込みます。これでは動きが3段階にも4段階にも分かれたバラバラな動きをつなげているだけで、双葉山の動作とは似て非なるものです。笠置山氏や永井氏が、足を引き寄せる動作を戒めたのは、一般的な筋肉の運動としての効果に対して言及したものでしょう。

双葉山が足を引き寄せる動作は、力みなく全身をつなげ、支点をつくらない動きを体現するためのものです。どこにも支点がなく滑らかな螺旋の動きは宇宙の動きそのものです。それゆえ、見れば見るほど全身がたゆたうような気持ちよさを感じるのでしょう。

Ⅳ テッポウ

1 四股十両、テッポウ三役

四股と並ぶ相撲独特の鍛錬法が「テッポウ」です。「鉄砲」とも表記しますが、実際の取組の際に両手で相手を突き放す「双手《もろて》突き」のことを「鉄砲」といいますので、「テッポウ」で統一したいと思います。

もともと相撲界には「四股十両、テッポウ三役」という格言があり、「四股をしっかりやれば十両に上がれる、そこにテッポウを加えれば三役にもなれる」とされ、四股・テッポウの大切さを強く説いていました。しかしながら昨今、四股は単なる準備運動になってしまい、テッポウに至っては取り組む力士が激減しています。テッポウよりも、腕立て伏せやベンチプレスに重きをおく力士が多くなり、現代の力士にとって、テッポウは突き押しを専門とする力士が行うもので、腕の力をつけるには腕立て伏せやベンチプレスの方が効果的という感覚が強いようです。

確かに筋力トレーニングという観点からみれば、テッポウは立った姿勢で柱を突き、押し返す動作を繰り返すだけですから、負荷のかかり方は腕立て伏せに比べると小さく、より大きな重量を扱おうとすればベンチプレスの方がはるかに効果が大きいといえます。

2 突く力と足の運びを身につける

テッポウは、稽古場に埋め込んであるテッポウ柱に向かい腰を割って構え、左右の手を交互に突く動作を繰り返します。脇を締め、腰を入れて柱を突くと、柱は動きませんから自分の体が下がります。柱を突く動作を何百回と繰り返すことにより、突く力はもちろん、腰の入れ方、足の運び方を身につける稽古です。足の運びは、すり足と同様、右手が出る時には右足が出て、左手が出る時には左足が出る、いわゆる「ナンバ」と呼ばれる動きになります。

「テッポウ柱」は、節のないヒノキが最適ですが、価格的な問題もありますので他の木でも代用は可能です。土俵に1メートル近く埋め込み、地上に2メートルほど出します。腰を低く下ろさせるために、あえて低く埋め込んでいる部屋もあります。

腕の力や肩の筋力を高める鍛錬法でもありますから、なるべく体重を乗せて負荷をかけるよう指導されます。深く腰を下ろした構えから思い切り体重をかけたテッポウを30回くらいを目安に、

1 中腰で構えた姿勢。

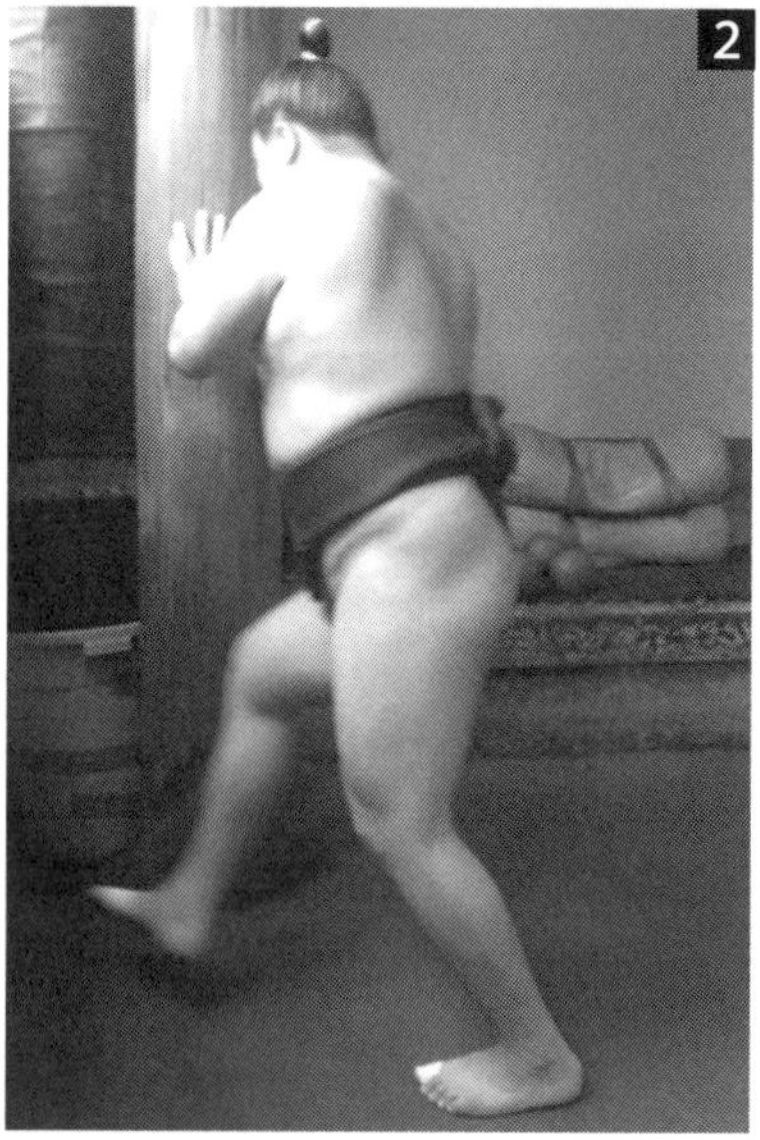

2 右足を出して右手で柱を突く。

腰を深く下ろした構えから体重を乗せてテッポウ柱を突く。

休憩を挟みながらインターバルトレーニングのように繰り返す力士もいます。

3 元大関増位山のテッポウ論

ところが、戦前から戦後にかけて活躍した大関増位山のテッポウは、重点の置きどころが今とは違っていたようです。以前、月刊『相撲』(ベースボール・マガジン社)で連載していた「三保ヶ関国秋の相撲ゼミナール」の中には次のような記述があります。

「一般的なのは、柱から約1メートルぐらいの間隔を置いて立ち、左右の足を一歩ずつ開き、中腰の体勢になる。そして両掌《てのひら》を目の高さで柱に当て、やや背を丸めるようにしながら手に体重をかけてやるものである。これはとくに上腕の鍛錬に重きを置いたものだ。しかし私は、この方法をとらない。実際の土俵でこんな格好はできないからだ。またこれではあまりにも早く疲れてしまう。私は現役時代、ヒマを見つけては鉄砲をした。疲れない方法で……。とにかく数をこなした。(中略)

私の場合は、ふつうより鉄砲柱にズッと体を近づけて立つ。そのときの足の開く具合は90度。そしてまずワキを固めて、手のひらを柱に向け、折り曲げたヒジを腰と同時に柱に寄せていく。

双葉山と対戦する増位山（写真右）。

一般にはいまいった状態でまず右手を手元に引いてから前へ激しく突き出して柱を突く。このとき手を突き出すと同時に右足は爪先に力を入れて腰も深く食い込ませ柱と交差させる。柱の手前で止めたりはしない。そのときテッポウ柱の前で爪先をすり足でやったとき、構えたときと同様に左、右が交差して、その角度が90度の直角になることが理想的といえる。まあ、足は別にすり足でと決めつけなくてもいいが、手のひらの手首に近い部分にタコが出来るようにやらなければいけない」

4 一日3千回のテッポウ

「柱に置く手は肩ぐらいの高さに順手でもよいし、腕を返すように親指を下に向けるのもよい。鉄砲柱にもたれ込むようにやるのではなく、常にはじき返すようにやることだ。それも100や200ぐらいやってもどうってことはない。私が幕内に上がったころ、風紀係をやっていたときは、朝早く起きて若い者の稽古を見ながら、一日少なくても3千ぐらいはやったものだ。大体2千ぐらいはやらなければならないだろう」

そして次のように締めくくられています。

「極端にいえば、突きと、腰を深く入れることに重点を置いたこのやり方は柱にもたれ込むことがないから、柱がなくてもやれる、より実践的な鉄砲である。私の相撲は、当たりはそれほどなくとも、次の突き放しに威力があるといわれた。その力を蓄えてくれたのがこの鉄砲なのである」

三保ヶ関親方は、テッポウ柱についても、「ふつうには、鉄砲柱は太ければ太いほど値段も高いし、立派だと思われがちだが、鉄砲の効率を考えると、これは違う。鉄砲柱は、親指と他の四本の指を開いた手の間に食い込むぐらいの太さ（直径15センチから20センチ）がよい。これより太いと疲れが早く、身につき方が遅いし、細いと安定性がない。だから稽古場の羽目板を使ったりするのはあくまで便法」

大関増位山は、ケレン味のない本格的な押し相撲で知られ、双葉山も目をかけて稽古をつけ、本場所でも双葉山に恩返し（稽古をつけてもらった相手を破ること）しています。幕内優勝2回、横綱目前までいった名大関でした。

疲れない方法で一日3千回と語っていることからもわかるように、増位山にとってのテッポウは腕の力をつけるための筋力トレーニングではなく、腰を入れて突き、相手をはじく全身の使い方を身につけるためのものだったのです。

5 調体

また冒頭では、「鉄砲は、攻めと運び足の動作を一つにして行う、一致させるという意味で『調体《ちょうたい》』ともいわれている。手、足、腰を三位一体化して攻撃にふり向けるのが相撲の基本だ。だから右手と右足、左手と左足を同方向に同時に動かしながら重心を安定させ、突き押しの型と、突き放す力を蓄えるところに主眼がある」とも語っています。

「調体」という言葉も現代の相撲界ではほとんど死語になっていますが、戦前から戦後にかけての相撲本には必ず記されています。昭和16年刊の元阿久津川の永井高一郎著『相撲道教本』には、「相撲は手・足・腰の三者を一體として前撃する時に、最も強烈な威力を発揮するもので、これを養うために調體の稽古が特に必要である」とあります。

元関脇笠置山勝一氏は、昭和25年刊の旺文社スポーツシリーズ『相撲』のなかで、「腕の力と運足が一致した動作を體調（調體でなく體調としています）運動で、相撲には最も重大な手足の運行の練習であり、相撲に重大であるとともに、この手足の運行は他のスポーツにも少ない特殊の運行を必要とするからである」とし、「則《すなわ》ち右手は右足とともに進退し、左手は左足とともに進退するのである。右足が前に出ようとする時には、右手も前に出なければならないのである。若《も》し右足が前に出て左手が前に出る時には、この左手と右膝と左足先の三点を見れば、重心がどこにあるかが誰でもわかるであろう。その時の重心は、左に傾いていて、この重心を支えるべきところがないのである」と述べています。

6 相撲の動きはナンバ

笠置山氏は続けて、「故に捻《ひね》られると、必ず左膝を地につく。左脇から左腰、左膝に虚が生じているのである。右足が前に出て右手が前に出ているときには、重心は右膝にかかっていて、この重心を立派に膝で支えているから倒れないのである」と説いています。

私たちがふだん歩くときには、右手が出れば左足が前に出るのが自然です。すり足やテッポウの足運びのように右手を出したときに右足を出すと、おかしな歩き方になってしまいます。相撲の動きにおいては、何故《なぜ》おかしな動き、いわゆる「ナンバ」の動きが相応《ふさわ》しいのでしょうか。

歩くときや走るときのように、反対側の手と足が出た構えを相撲界では、「逆足」といいます。

逆足で思い出すのが、北海道福島町で毎年5月に行われている「女だけの相撲大会」での、ある女性の取組の姿です。大の相撲好きで、英文雑誌の記者だったその女性は、大会の取材に訪れた際、参加者の熱気に感激して「来年は私も出る！」と宣言しました。相撲観戦歴の長い彼女は、細身ながら技については詳しかったので自信があったそうです。ところが実際に参加してみると、コロンコロン投げられ4連敗と散々な成績。「こんなはずではなかった」と落ち込んだそうです。

10年後、縁あって私と結婚した彼女に見せてもらった映像には、左を差すのはうまいのに逆足で出て行ってコロンコロン投げられる姿が残っていました。そこで、左を差したら左足を出す稽古をとことんやりました。その稽古を繰り返し、10年ぶりに臨んだ大会では、見事3回戦まで勝ち上がり、関係者も驚いていたほどです。10年前に比べ、運動する機会が減り、体力も体重も落ちていたにもかかわらず勝ち上がれたのは、手と足の使い方によるものに違いありません。

7 力を相手に伝えるために同じ側の手と足を使う

歩くときや走るときのような、反対側の手と足が出る動きと、相撲を取るときのような、同じ側の手と足が出る動きとの違いは、真っすぐ移動するのか、前傾姿勢で重心を前にかけるかによるのではないかと思っていました。しかし、前記大関増位山のテッポウは、前傾姿勢にはならず体を真っすぐにしたまま行っています。そして、体重を前にかけず、もたれ込まないことの重要性を説いていますから、重心は軸足に保たれたままです。冒頭で述べている「手、足、腰を三位一体化して攻撃にふり向ける」という言葉が思い出されます。右手、右足、右腰を一体化させるわけですから、体を縦半分に割って、右側、左側と交互に使うことができます。

一方、歩くときは上半身と下半身がバランスを取り合いながら動いています。右足を大きく出すと腰は左に捻られます。左手を大きく前に振り出すと肩は逆に右に捻られます。右足と左手を同時に出すことにより、腰と肩の動きが打ち消し合って胴体がぶれずに歩くことができます。

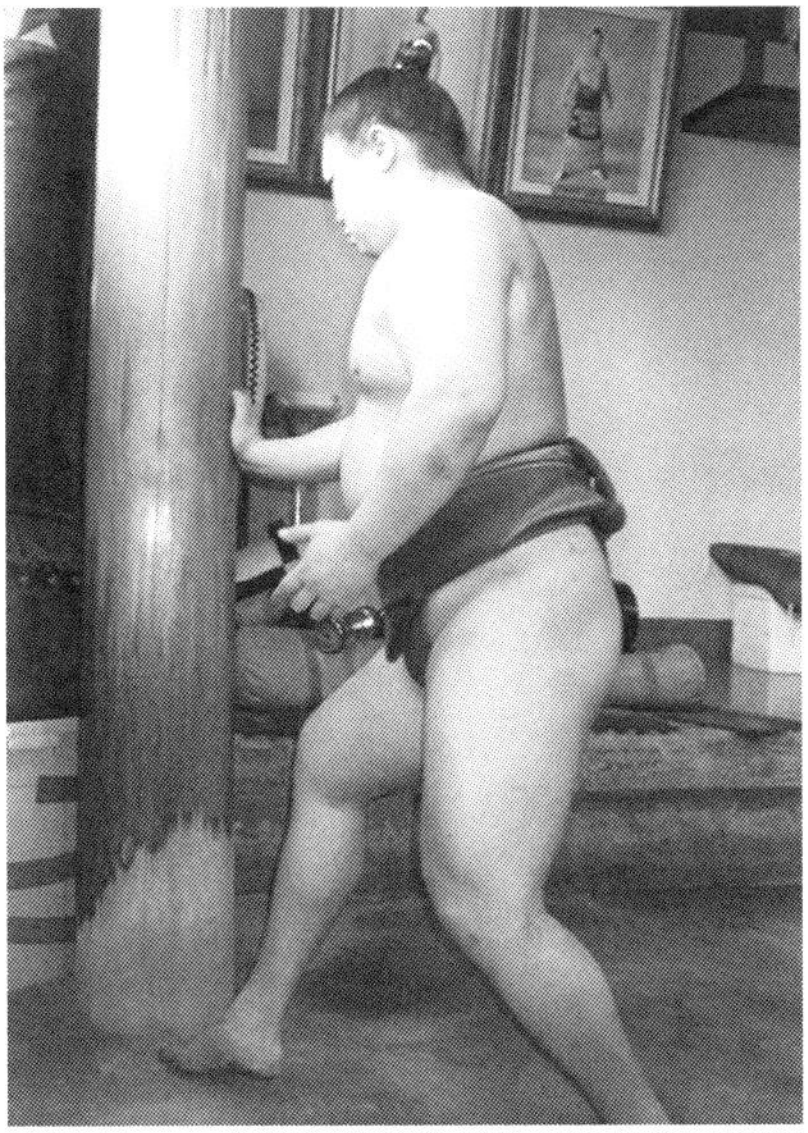

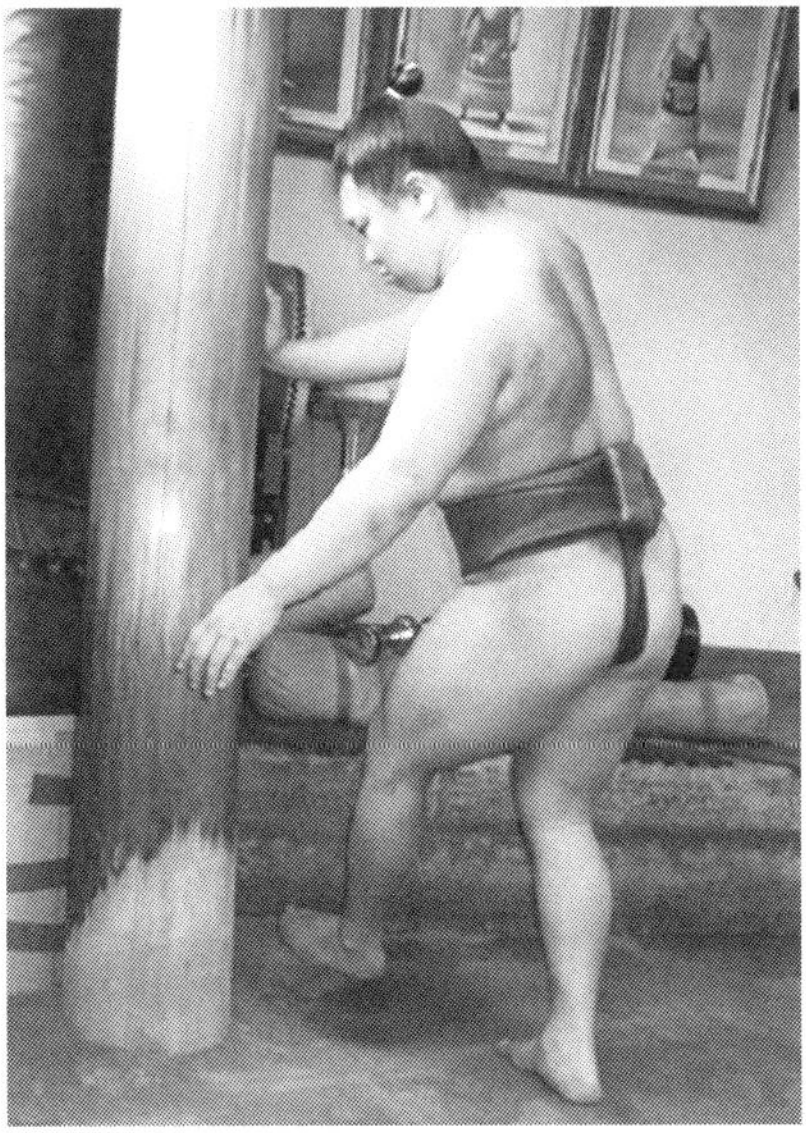

右手と右足を出すと力が伝わるが（写真上）、右手と左足を出すとバランスを崩し力が伝わらない（写真下）。

ところが腰の動き、肩の動きを打ち消してしまうことは、外に力を発揮するためにはマイナスになってしまいます。せっかく腰や肩から生まれた力を、腕を通して相手に伝えることができません。足を肩幅程開き、柱や壁に向かって右手と右足を出した場合と、右手と左足を出した場合を比べてみてください。力の伝わり方が大きく違うのを実感できるはずです。力を伝え、相手からの力を受け止めるにはナンバの動きが必要です。

テッポウは、単に腕の力を鍛える筋力トレーニングではなく、全身を合理的に使い、発揮する力を効率よく相手に伝えるための、高度で奥深い身体運用を身につけるためのものなのです。

8 いつでもどこでも気軽にできる「シコトレ」

10年ほど前からカルチャーセンター等で定期的に「シコトレ講座」を行っています。基本の「腰割り」から始まり、「蹲踞《そんきょ》」や「四股」、「股割り」など相撲の基本姿勢を取ることで、自分の体に意識を向け、股関節や肩甲骨まわりをほぐすことができるようになることと、単純な動作にみえる相撲の基本姿勢の中に、体の深奥にアプローチするための様々な工夫と奥深さがあることを多くの方に知っていただきたいと願い実施しています。

「シコトレ」の利点は、いつでも、どこでも、時間と場所を取らずに行えることです。足を肩幅に広げられる畳半畳分の広さがあれば「腰割り」は可能ですし、足をさほど高く上げなければ「四股」も可能です。人目さえ気にしなければ、信号待ちや、駅のホームで電車を待っている間でも行えます。

ただ、それだけに「やっている感」は得にくく、単純な動作の繰り返しの中でいかに体の奥深さを感じて楽しめるかが、長く続けるためのカギになってきます。

9 エアテッポウにトライ

「腰割り」や「四股」が股関節にアプローチする動きなら、「テッポウ」は肩甲骨にアプローチする動きです。講座では柱を使ったテッポウや二人で行う相互テッポウは難しいため、一人で行う「エアテッポウ」を行ってもらいます。自著『お相撲さんの〝テッポウ〟トレーニングでみるみる健康になる』（実業之日本社）にやり方を記していますので、紹介します。

① つま先を軽く外に向け、肩幅程度に足を開いて軽く膝を曲げて立ち、右肘を80度〜90度曲げて

エアテッポウ

① つま先を軽く外に向け、肩幅程度に足を開いて軽く膝を曲げて立ち、右肘を80度〜90度曲げて構える。（肩の力を抜いて肘を軽く体の前に出す。）

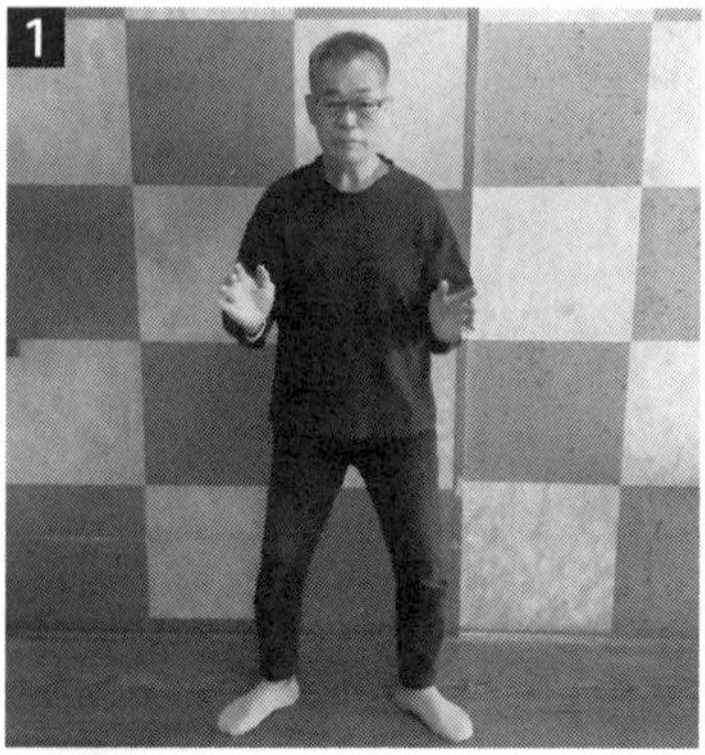

② 右腕を肩甲骨から左前方に伸ばす。伸ばした手の甲が左肩前方に来るように伸ばす。顔も体も左斜め前方へ向け、右腰と右膝から右腕まで一本につながっているつもりで伸ばす。

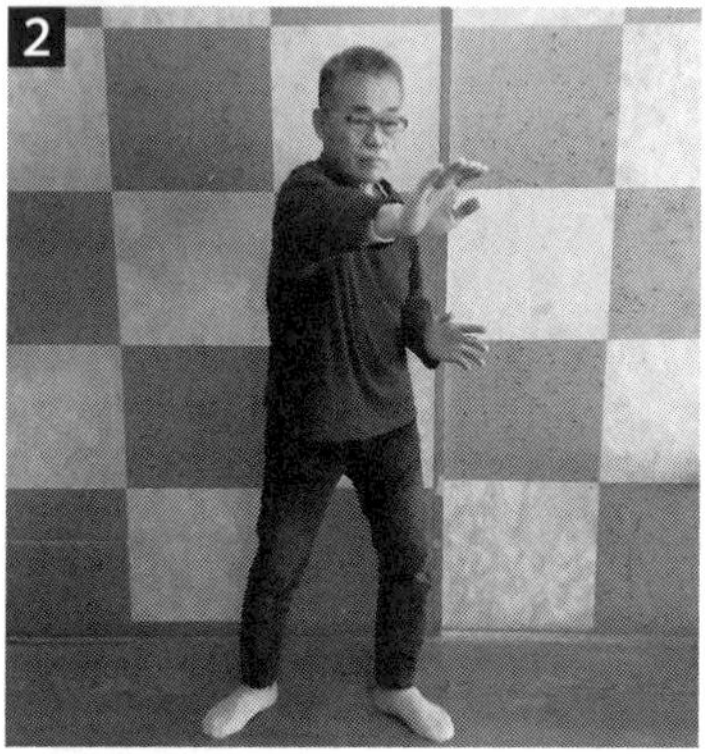

③ 伸ばした右腕を、腕《かいな》を返しながら（肘を上げ、手の甲が顔の方に向き、半円を描いて顔の前あたりを通るように）戻していく。伸ばした右腕が戻るのにつれ、体も元の向きに戻る。

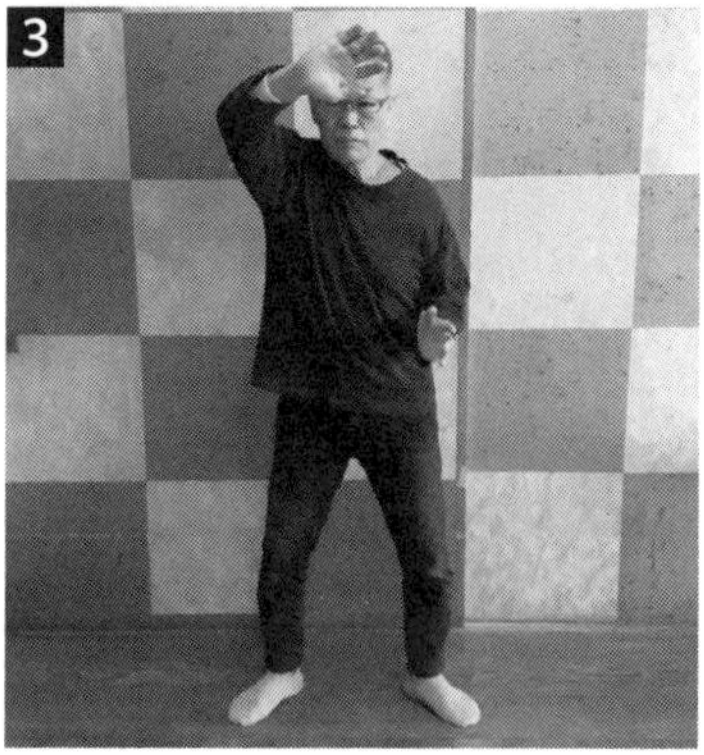

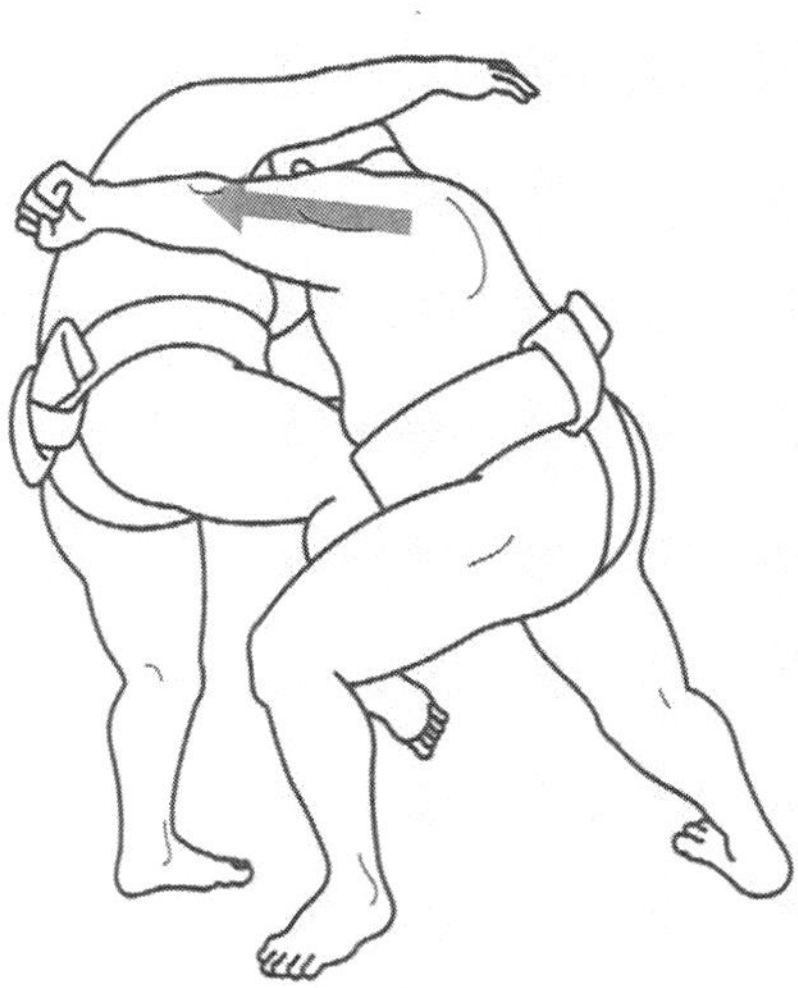

◆◆腕（かいな）を返す。
（拙著『お相撲さんの〝テッポウ〟トレーニングでみるみる健康になる』（じっぴコンパクト新書　実業之日本社）より。イラストは相馬章宏氏）

構えます（肩の力を抜いて肘を軽く体の前に出します）。

② 右腕を肩甲骨から左前方に伸ばします。伸ばした手の甲が左肩前方に来るように伸ばします。顔も体も左斜め前方へ向け、右腰と右膝から右腕まで一本につながっているつもりで伸ばしましょう。

③ 伸ばした右腕を、腕《かいな》を返しながら（肘を上げ、手の甲が顔の方に向き、半円を描いて顔の前あたりを通るように）戻していきます。伸ばした右腕が戻るのにつれ、体も元の向きに戻ります。

注意　慣れるまでは、片腕だけで②と③を繰り返します。ゆっくり大きく、肩甲骨が動くのを感じながら繰り返してください。腕を戻すときに、肘を肩

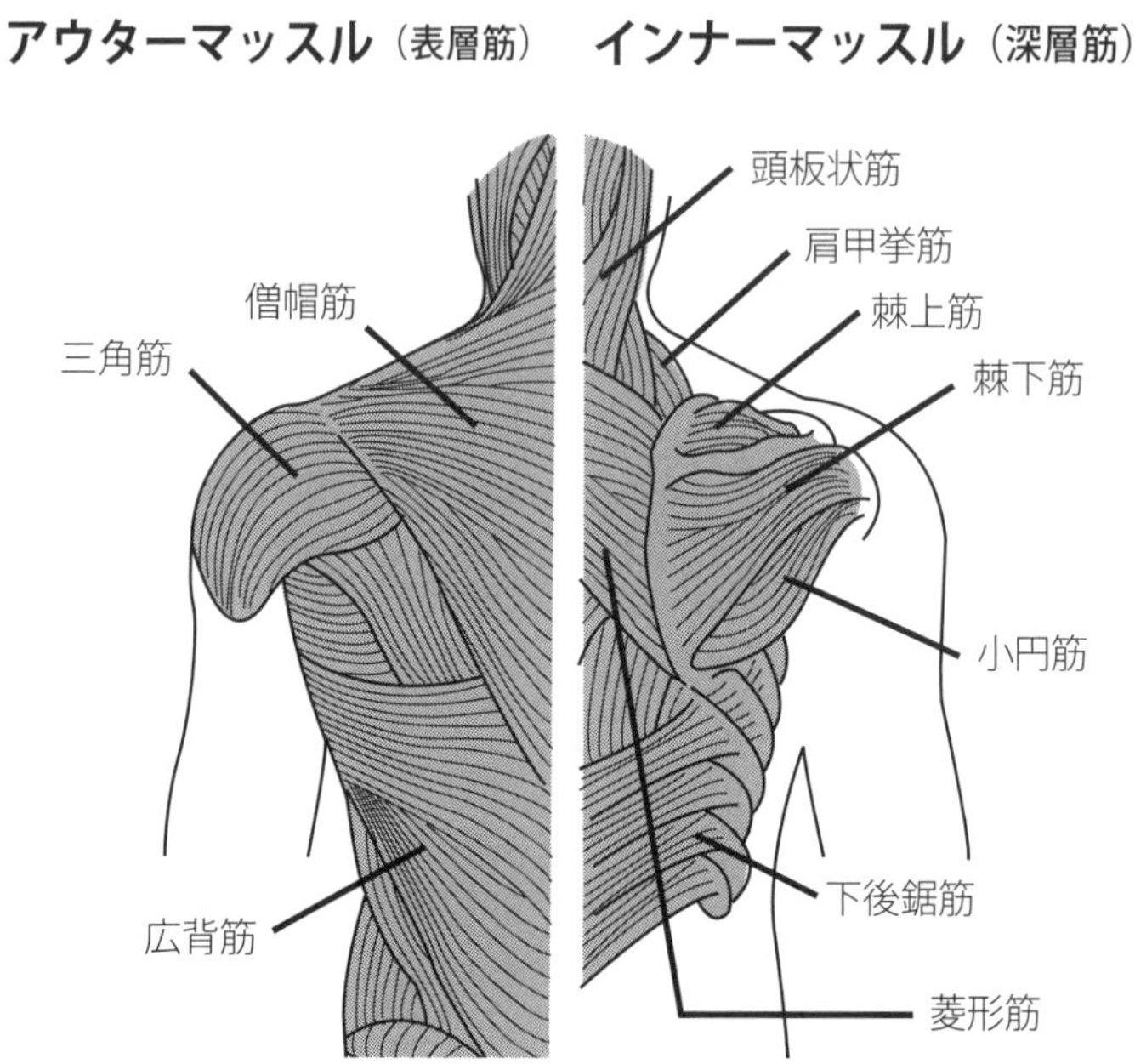

より後ろに引きすぎないように注意しましょう。引きすぎると背中の筋肉が緊張して肩甲骨の動きを止めてしまいます。

10 肩甲骨を動かすテッポウ

最初は肩甲骨を動かす感覚がつかめない方もおられますが、慣れてくると動きが感じられるようになってきます。肩甲骨を動かす気持ちよさが感じられるようになってくると、肩甲骨周りのさまざまな筋肉がゆるんで活性化してきます。そのために大切なのが、伸ばす腕を斜め方向に出すことと、伸ばした腕を戻すときに「腕《かいな》を返す」ことです。

207ページの図に示したように、「腕を返す」とは、差した腕を内側に捻り、手の甲を相手の背中につけるようにして親指を下に向けることを言います。この操作は腕と肩甲骨を繋げることに他なりません。腕《かいな》を返すことで、腕と肩甲骨が繋がり、肋骨上で肩甲骨のローリング運動が起こり、肩甲骨周りの様々な筋肉が活性化します。腕を単に前後にプッシュ運動しただけでは、使われる筋肉は肩回りの一部のみになり全身へのつながりは起きません。

肩甲骨周りには、菱形筋《りょうけい》、僧帽筋《そうぼう》、三角筋、広背筋《こうはい》などの大きな筋肉の他に、ローテーターカフと呼ばれるインナーマッスルが数多くついています。もともと動物の前脚の付け根であった箇所ですから、重い体を支え、外敵と闘ったり逃げたりするための、強力かつ細やかな動きを実現する上で必要だったのでしょう。

大小さまざまな筋肉が付いている、ダイナミックな動きから繊細な動きまでを可能にした筋肉群も、長い間使われないでいると委縮して背中に貼りついてしまいます。それが四十肩や五十肩と呼ばれる「肩関節周囲炎」の原因になることも多いようです。便利になり過ぎた現代の日常生活やデスクワークでは動かすことのない肩甲骨周りの大小の筋肉を「エアテッポウ」で動かしてみましょう。

11 深層筋をつなげるマッスルチェーン

能楽師の安田登氏は、アメリカ生まれのボディビルワークであるロルフィングの施術者（ロルファー）でもあります。筋膜と脳神経システムにアプローチするロルフィングは、10回のセッションで行われます。最初の7回はくっついてしまっている全身の筋肉をゆるめて個別化する「ディファレンシエーション」を、最後の3回で独立した筋肉を統合する「インテグレーション」を行って身体を一つのものとして感じられるようにします。ゆるめて個別化した筋肉をつなげると、元に戻るだけのようにも思われますが、全身があちらこちらでくっついてしまっている状態と、ゆるんでいる筋肉を必要な個所だけつなげた状態とでは、ずいぶん違います。最初から全身の筋肉がくっついているのは、ブレーキを踏みながらアクセルを全力で踏んで動いているようなものです。

安田氏は、活性化した深層筋をつなげ連動したときに最も大きな力になるとしています。それをボディーワークの世界では筋肉の鎖という意味で「マッスルチェーン」と呼びます。筋肉のつながりを意識することによって美しく効率的な動きが可能になるといいます。

12 運動量を伝えるテッポウ

エアテッポウに話を戻します。エアテッポウの動きで肩甲骨が動くと、その動きが全身に伝わるのがわかります。背中から腰、さらには下半身まで、腕の動きが膝や足首までマッスルチェーンとしてつながってくるのを実感できます。右腕を前に出したときに動くのは右腰と右膝で、左脚は支えになっています。この時、腕を真直ぐ出すよりも斜め方向に出す方が全身へのつながりがはっきりします。本章の「II すり足〜千鳥足」で紹介したすり足における「千鳥足」と同様に、斜めに出すことで螺旋の動きになり、よりつながりが出てくるのでしょう。

足を床に着けたままですと、腰と膝が少し斜め前に出るだけですが、足を床から浮かせてテッポウの動きを行うと、足が右腕と同じ方向に投げ出されます。体を真ん中から左右二つに分けて右半身を投げ出しぶつける感覚です。つまりテッポウは、単に腕の力で相手を押すのではなく、運動量という衝撃力を相手に与えることになるのです。そのためには、出す腕と同じ側の脚を一緒に出さなければなりません。足を止めて、腕だけで突っ張っても腕の押す力しか相手に伝わりません。「突っ張りは足で突っ張れ」という格言がある所以です。
運動量とは、運動の勢いのことをいい、

P（運動量）＝m（質量）×V（速度）

という式で表されます。重さが重いほど、ぶつかる速さが速いほど、ぶつかったときの勢い（衝撃）は大きくなります。大きなダンプカーと軽自動車との違い、またスピードが遅いのと速いのとでは、衝撃の威力が違うことは理解しやすいかと思います。また、人間が押す力は知れていますが、ぶつかる勢いによって運動量を与えると衝撃は何倍にもなります。金槌で板に釘を打ち込む場合、金槌で釘を押し込むよりも、少し離した位置から叩いたほうが、簡単に釘を押し込むことができるのは誰もが経験していることです。

先にご紹介した元大関増位山の三保ケ関親方の「鉄砲柱にもたれ込むようにやるのではなく、常にはじき返すようにやることだ」という言葉が思い起こされます。増位山は、押す力をつけるためではなく、運動量（弾く力）を高めるために一日３０００回のテッポウを行っていたのです。

「極端にいえば、突きと、腰を深く入れることに重点を置いたこのやり方は柱にもたれ込むことがないから、柱がなくてもやれる、より実践的な鉄砲である」と、エアでもテッポウが可能なことも記しています。

腕を返してテッポウをする双葉山。（日本相撲協会提供）

13 「もっと真剣に稽古をやってくれ！」

実際に増位山のテッポウを稽古場で目にしていた相撲評論家の小坂秀二氏は、「先代の増位山は双葉山を倒したこともある好力士で、その突き押しには定評があったが、型通りのテッポーをやった人で、自分の力でハジキとばされて、しりもちをつきそうになるのを何回も見た」と読売新聞社の月刊誌『大相撲』誌に記しています。小坂氏は以前、『大相撲』で「相撲探求」という連載を行っていましたが、その中でテッポウについても持論を展開しています。栃錦や若乃花の稽古を見てきた小坂氏は、現在より稽古量が多かったであろう

1994年当時の稽古について、「もっと真剣に稽古をやってくれ!」というタイトルで、苦言を呈しています（1994年7月号）。

稽古の番数やシコについて嘆いた後、テッポウについても、「次はテッポー。これはシコを踏むものより少ない。ほとんどの者がテッポーをやらないと言ってもいいだろう。おそらくテッポーの効果を知らないからだろう。片方の手をテッポー柱に当て、もう一方の手が柱をつき上げるのがテッポーだが、このときの基本の型ができていない。当てている片方の手は、差し手を返す形になっていなければならない。当然小指が上、親指が下になっていなければならない。この形をとればヒジを張った形になる。その形からもう一方の手が突き上げるのである。柱に当たったとき、ヒジが曲がっていなければならない。柱は埋め込んであるから動かない。ヒジを伸ばそうとすれば自分がハジキとばされる」として、前述の増位山の型通りのテッポウを紹介しています。

14 「シコ」「テッポウ」の中にある本当の科学

江戸時代からつづく大相撲の稽古には、本来技術練習は存在しませんでした。「シコ」「テッポウ」を何百回、何千回と繰り返すことによって、腰を中心としたインナーマッスルのつながりをつくり、「相撲力」という最小の力で最大の出力を発揮する効率のいい動きを得ることが、多彩な技につながっていたのです。インナーマッスルのつながりや相撲力は目には見えず、数値にも表れませんから、個々が感じるしかありません。それは、客観的に数値化され再現性が重要視される現代科学からすると、非科学的になるのでしょうが、目に見えず数値に表せないことの中にこそ真の科学があるのではないでしょうか。

ここ数十年、ようやく科学の目が注がれるようになった「肩甲骨」や「股関節」、「大腰筋」に代表されるインナーマッスル等は、江戸時代には、力士のみならず一般人にも知識としてではなく身体意識として当たり前に感じられていたことです。それゆえ「腰を据え」、「腹を括《くく》り」、「筋《すじ》を通す」という言葉が生きて使われていました。その当たり前の感覚で、身体運動をさらに優れたものにするための「型」として、「シコ」や「テッポウ」が生み出されたのだと確信しています。今こそ、「シコ」「テッポウ」の中に秘められた本当の科学に真剣に取り組んでいくべきではないでしょうか。

あとがき

この本は、日本武道館発行の月刊誌『武道』の２０１８年９月号から２０２１年６月号に連載された「四股探求の旅」をまとめ直し幾らか加筆したものです。

武道誌の連載を始めるにあたっては、テーマを四股に絞ると話がすぐに尽きてしまうのでは、という懸念もありましたが、始めてみると、書くことによって新たな発見があり、すると次々に新たな疑問が湧いてくる、そんな繰り返しが探求をより深め、四股の奥深さと広がりにますます魅入られました。

四股やテッポウなど、相撲の基本となる鍛錬法は、単調で地味な動作を反復することですから、若いうちは特に面白みを感じにくいものです。それは自分の過去を振り返ってみても同様です。それにしても、昨今の若い力士たちの四股・テッポウへの取り組み方が、質、量共に年々低下していることには少なからぬ危機感を抱かざるを得ません。

効率性や利便性ばかりが追い求められる現代において、すぐに結果が出ない四股やテッポウなどは時代遅れの非科学的なものと捉えられがちですが、探求すればするほど、その合理性、科学性に驚かされます。四股が単なる筋肉のトレーニングではなく、全身の感度を高め、インナーマッスルをつなぎ、筋肉や骨、細胞の並びを揃えるという奥深い身体感覚にアプローチするためのものであるが故に、その効果は体感しづらいのです。また四股の単調な動きと、奥深くに隠された絶大なる効果との間には、あまりにも大きなギャップがあるため、その重要性に気づきにくいのでしょう。

それゆえ四股は、筋肉に利かせるよう無理やり強制的にやらせても、その本質には遠ざかるばかりです。それよりも自分の内面と向き合い、重力を感じ、全身のつながりや、腰や丹田の充実感を味わってこそ身につくものだと確信しています。

昔日の力士は、そういう感覚をもっていたから、時間をかけて四股・テッポウに真摯に取り組んでいましたし、それが結果として相撲力を高めることにつながっていたのだと思います。この本がきっかけとなって、若い力士たちにそういう感覚を持ってもらえれば幸いです。また、これを機に、「相撲力」に代表される、四股や相撲に関する目に見えない、数字に表れないものの探求や研究が各方面で進んでくれることを願います。

四股について探求すればするほど、わからないことが増え、混乱や戸惑いも多々ありますが、物理学者で随筆家の寺田寅彦が「物理学は自然界にどれだけ分からない事があるかを学ぶ学問である。自然界が分らぬ事だらけになった時にその人の物理は少し進んでゐる」と語っていることからすれば、少しは四股探求が進んだといえるのかもしれません。

最後に、月刊『武道』誌上での連載の機会を与えて下さった日本武道館の後藤正司氏、単行本化の労を取って戴いたBABジャパン社の山下卓氏と編集の原田伸幸氏に改めてお礼を申し上げたいと思います。

2021年8月

松田哲博

著者プロフィール
松田哲博（まつだ てつひろ）

元高砂部屋力士「一ノ矢」。相撲探求家。

1960年生まれ。鹿児島県徳之島出身。

琉球大学理学部物理学科卒業後、若松部屋（現高砂部屋）に入門し、史上初の国立大学出身力士となる。24年間の現役生活の後、2007年に引退。引退時点で現役最年長力士であり、昭和以降の最高齢力士。

引退後はマネージャーとして高砂部屋の運営を支える。「シコトレ」の普及や相撲の物理的な探求を続けている。朝日カルチャーセンター講師。

著書：『シコふんじゃおう』（ベースボール・マガジン社）、『股関節を動かして一生元気な体をつくる』（実業之日本社）など多数

装幀：梅村 昇史
本文デザイン：中島 啓子

四股鍛錬で作る達人 日本伝統万能トレーニング

2021年10月10日　初版第1刷発行
2024年10月30日　初版第5刷発行

著　者　松田 哲博
発行者　東口 敏郎
発行所　株式会社ＢＡＢジャパン
〒151-0073 東京都渋谷区笹塚 1-30-11 4・5F
TEL 03-3469-0135　FAX 03-3469-0162
URL http://www.bab.co.jp/
E-mail shop@bab.co.jp
郵便振替 00140-7-116767
印刷・製本　中央精版印刷株式会社

ISBN978-4-8142-0421-2 C2075

DVD Collection

トレーニングDVD 動きの質を変える究極の“MATAWARI”を学ぶ!

構造動作トレーニング “股割り”を極める

収録時間71分
定価5,500円
(税込)

指導／監修◎中村考宏
MATAWARI JAPAN代表
柔道整復師
スポーツトレーナー

クラシックバレエや相撲でお馴染みの股割りを追求した運動法─構造動作トレーニング:MATAWARI。本巻は個のエクササイズを創案者・中村孝宏氏が丁寧に指導。骨盤を立て腹圧を掛けて股関節を回す運動で、動きの要である重心移動を理想的に実現できる身体を作っていきます。身体を効率的活用を求める全ての人にオススメDVD!

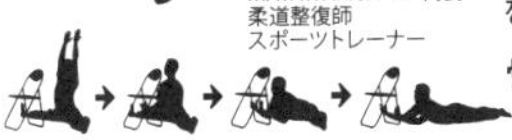

骨盤立位、腹圧、胸割り、足首底背屈─
股関節を100%使う!

Contents

■構造動作理論とは
運動と重心移動／骨盤を起こす／股関節が動く位置／骨格位置と腸腰筋／骨で立つ／おっつける／他

■股割りのためのトレーニング
趾(あしゆび)の握り／骨盤起こし前後運動／胸割り／立位体前屈・逆式／腹圧を使う／片足立ち／腰割り

■股割りトレーニング
骨盤を起こす:骨盤位置の調節／体幹をまとめる／足首の底背屈:股関節から動かす／重心移動する

構造動作でカラダを変える!

効率的な動きの要は足指の使い方にあった!

足指トレーニング

土台＝足指を活用できれば股関節は自然にカラダを運び出す!!

全ての指をソフトに使って立つ
フラット接地

足指/足首の動きを股関節に繋げる
股関節との連動

小／薬指の接地を意識し前重心になる
股関節フリー

カラダの要とされる骨盤/股関節を正しく働かすコツは、動きのアクセルとしての「足指(趾)」を目覚めさせること。この新視点から生まれた「趾トレーニング」を提唱者・中村考宏氏自らが丁寧に紹介。

指導／監修◎中村考宏
MATAWARI JAPAN代表
柔道整復師
スポーツトレーナー

Contents

・トレーニングの目的
■ 趾の構造と機能─趾がブレーキとアクセルになる
■ 重心と股関節の関係─前重心/股関節フリーがカラダを運ぶ
■ 趾の理想形─土踏まずを潰さずフラット接地で立ち/動く
■ 趾トレーニング─準備
■ 趾トレーニング①─趾を活性化する
■ 趾トレーニング②─趾/足首と股関節の連動
■ 趾トレーニング③─前重心のカラダになる
■ ゆっくり走り─前重心のカラダで動く

収録時間51分
定価5,500円(税込)

元小結が伝授する超合理的なコアトレーニング

相撲の基礎である「四股」。そのシンプルなトレーニングは腰痛や肥満の解消、股関節まわりの強化など、万人に効果のあるものです。当DVDでは腰割りから四股踏み、すり足、足裏で地面を噛む方法などを元小結・三杉里が段階を踏んでわかりやすく解説。正しい四股を踏めば無理なくインナーマッスルを鍛えられ、股関節の動的柔軟性を養えます。

指導・監修
三杉里公似
元小結／伝統四股普及会主宰

収録時間50分
定価5,500円(税込)

協力◎健康回復館ごっつハンド
／伝統四股普及会

腰力を強化し、柔軟な股関節を手に入れる!

四股踏みトレーニング

腰割り＋足裏鍛錬＋四股＋すり足

収録内容
○**四股の歴史と役割**　○**四股の効果**(深層筋の強化、腰痛改善など)
○**腰割り**(上半身／下半身の注意点、壁と椅子を利用する)
○**足裏鍛錬法**(足指で地面を噛む、布を使った鍛錬法)
○**四股踏み**(正しい姿勢で四股を踏む、足で地面を蹴らない／ゆっくり下ろす、紐を使った方法、棒を使った方法、壁を利用する方法)
○**すり足**(四股の姿勢の意味、蹲踞～電車道、ブレない下半身を作る)
※特典映像:三杉里式股割り完全ガイド